Eve Prewein

Polyamory

Thomas Schroedter / Christina Vetter

Polyamory

Eine Erinnerung

Reihe
theorie.org

Schmetterling Verlag

Bibliografische Informationen *Der Deutschen Bibliothek*
Die Deutsche Bibliothek verzeichnet diese Publikation in der Deutschen Nationalbibliografie; detaillierte Daten sind im Internet über
http://dnb.ddb.de
abrufbar.

Schmetterling Verlag GmbH
Lindenspürstr. 38b
70176 Stuttgart
www.schmetterling-verlag.de
Der Schmetterling Verlag ist Mitglied von aLiVe,
der assoziation Linker Verlage

ISBN 3-89657-659-3
1. Auflage 2010
Printed in Germany

Satz und Reproduktionen: Schmetterling Verlag
Druck: GuS-Druck GmbH, Stuttgart
Binden: IDUPA, Owen

Inhalt

1. Vorwort

Über kein Gefühl ist so viel geschrieben worden wie über die Liebe. Viele behaupten zu wissen, was sie ist, und doch sind wir bei unseren Recherchen auf zahlreiche Auffassungen gestoßen, die uns immer wieder verunsichert haben. Zusätzlich haben wir uns einer Spielart der Liebe zugewandt, die für neue Verwirrungen sorgt. Allerdings ist Polyamory in den vergangenen zehn Jahren immer mehr in den Fokus der Öffentlichkeit gerückt. Der TV-Sender ARTE widmete sich einen ganzen Abend diesem Thema, unter anderem mit der Dokumentation einer Dreifachbeziehung mit dem Titel «Drei Herzen» (Arte 2008). Am 2. November 2007 veröffentlichte die Tageszeitung (taz) einen Artikel von Philipp Mattheis unter der Überschrift: «Du und ich und ich und er» (Mattheis 2007). Der Autor, der sich mit dem Thema Polyamory und der Frage: «Macht Polyamory glücklich?» beschäftigt, verweist in seinem Artikel auf eine Definition von Polyamory im Internetlexikon Wikipedia. Laut Mattheis wurde der Eintrag seit der ersten Version aus dem Jahr 2004 mehrere Male verändert und ausgebaut, so dass innerhalb von drei Jahren ein, nach Mattheis´ Meinung, «gewaltiger» Eintrag von knapp 60.000 Zeichen editiert wurde. Zum Vergleich zieht der Journalist den Wikipedia Eintrag über Homosexualität heran, der zum Zeitpunkt des Erscheinens seines Artikels mit 70.000 Zeichen nur unwesentlich länger ist (Mattheis 2007).

Mittlerweile wurden die Informationen zur Polyamory wiederum ergänzt und der Eintrag zählte im Februar 2010 inklusive Quellen über 95.000 Zeichen, während der Eintrag zur Monogamie bei «nur» 13.000 Zeichen herumdümpelt. Sicherlich ist der Umfang und die Entwicklung eines Eintrags bei Wikipedia kein ausreichender Beleg für ein weitreichendes Interesse an einem Thema. Aber auch die Medienveröffentlichungen machen die zunehmende Bedeutung des Themas deutlich. So sind in den letzten Monaten offene Beziehungsformen, Beziehungsnetzwerke und der Wandel der Familienstrukturen häufig unter dem Schlagwort Polyamory auch in anderen Medien dargestellt worden. Die Reduzierung der «Paar-Beratung» auf die heteronormative «Bis-dass-der-Tod-uns-scheidet»-Praxis entspricht schon seit spätestens Ende der 60er Jahre nicht mehr der wissenschaftlichen Diskussion von Geschlecht, Sexualität und Lebensform. Zunehmend leben auch in Deutschland viele Menschen nicht mehr einen solchen Lebensentwurf. Dennoch gibt es gerade in diesem Bereich eine literarische Leerstelle, die durch unsere Arbeit ein wenig gefüllt wird.

Die Diskussionen und Unsicherheiten, die schon bei der Definition von Liebe beginnen und die umso mehr den daraus abgeleiteten Begriff der Polyamory begleiten, konfrontierten uns über den gesamten Zeitraum der Arbeit an diesem Buch immer wieder mit neuen Fragen. So haben wir viel mehr Zeit benötigt, als wir ursprünglich eingeplant hatten. Daher gilt unser besonderer Dank Paul Sandner vom Schmetterling Verlag für seine Geduld.

Wenn wir nahezu jedes Kapitel in diesem Buch mit einem Vers beginnen, ist dies ein Hinweis, dass wir bei der Arbeit an diesem Buch nicht nur sogenannte «trockene Theorie» gelesen haben, vor der die Mehrheit der Studierenden zumindest an der Universität Paderborn Horrorvorstellungen entwickeln, sondern dass wir immer wieder eingetaucht sind in die «schöne Literatur», die oft mehr über die Vielfalt der Liebesmöglichkeiten erzählt als die theoretischen Auseinandersetzungen, die allerdings auch weit davon entfernt sind, trocken oder gar langweilig zu sein. So hat uns die Beschäftigung mit dem Thema viel Freude, interessante Gespräche und eine grandiose Horizonterweiterung gebracht. Dass das Terrain, auf welches wir uns begeben haben, einer Eisbahn gleicht, haben wir allerdings nicht gewusst. Dort brauchten wir selbstverständlich immer wieder Menschen, die uns vor dem Fallen bewahrten oder die uns einmal sagten, wie nett die Pirouette aussah, die wir gerade gedreht hatten. Ihnen allen hier den notwendigen Dank auszusprechen, sprengt leider den Rahmen eines Vorwortes, das möglichst knapp daherkommen soll, um Platz für Spannenderes zu machen. Aber ohne jetzt den Ungenannten auf die Füße zu treten, möchten wir einige doch besonders erwähnen, die uns mit Unterstützung und konstruktiver Kritik begleitet haben: Birte Breker, Ivonne Franzsander, Doris Weber und Jee-Won Seo. Einen besonderen Dank an Susi Lamberto für die Übersetzung der englischsprachigen Zitate. Ebenfalls danken wir den Anwesenden des Kamingesprächs der Gesellschaft für Sexualpädagogik (gsp) zum Thema Polyamory am Valentinstag 2009 in Hamburg.

2. Einleitung

Selbstverständlich irritiert
Liebe ist ein Zeitwort,
ein Verhältniswort,
ein Zahlwort
oder ein Umstandswort – je nachdem
Orson Welles

Dass die Literatur zum Thema Polyamory vor allem im deutschen Sprachraum hauptsächlich aus Beispielen polyamoröser Beziehungen oder Ratgeber und Anekdoten besteht, können wir mittlerweile sehr gut nachvollziehen. Hier seien als Beispiele nur einmal genannt das 2008 veröffentlichte Buch: «Wenn man mehr als einen liebt» von Felix Ihlefeldt und der Sammelband «Mehr als eine Liebe» von Laura Méritts und anderen aus dem Jahre 2005.

Eine Zusammenfassung dessen, was nicht nur die einschlägigen Definitionen wiederholt, die zum Begriff Polyamory gegeben werden, stellt sich als ein vielschichtiges Unterfangen dar. Vor allem, wenn es um den Versuch geht, über diese Definition hinaus einen Versuch zu wagen, diese Begrifflichkeiten soziologisch einzuordnen, sie kritisch zu betrachten und sie in einen historischen Zusammenhang zu stellen. Darüber hinaus ist es uns ein Anliegen, aus den Definitionen und dem kritischen Hinterfragen hinaus auch einen Transfer in die Praxis der Pädagogik und damit auch in das Alltagsleben jedes und jeder Einzelnen hinein zu schaffen. Wir wussten, dass Eros laut Plato die Geburt im Schönen ist. Wir mussten allerdings erst die Vielfältigkeiten dieser Geburt und die Schattenseiten, die das Schöne zu gebären bereit ist, in den Griff bekommen. Und Eros ist, wie wir noch sehen werden, nur eine Form der Liebe.

Das Schöne ist weder eine standardisierte Norm noch eine allein dem Beurteilenden überlassene Bewertung. Etwas als

Schönes zu identifizieren ist vielmehr von historischen, sozialen und auch individuellen Bedingungen des Betrachtenden abhängig und lässt es so zu einer vielfältigen Variablen werden. Diese Vielfältigkeit führt uns zu den Fragen: Wie viele verschiedene Geburten können im Schönen entstehen? Welche Schmerzen bergen diese Geburten? Und wie geht der Mensch verantwortlich damit um?

Im Kapitel *Poly-Was? Oder: Was ist Polyamory?* nähern wir uns auch erst einmal den verschiedenen Definitionen von Polyamory. Wie häufig sagen verschiedene Definitionen einiges über die Position derjenigen aus, die diese Definitionen formuliert haben. Wir versuchen uns einer möglichen Definition über den Weg der Abgrenzung zur Monogamie und anderen Formen der Nicht-Monogamie zu nähern. Dies Vorgehen wird in polyamorösen und sozialwissenschaftlichen Kreisen häufig deshalb kritisiert, weil so die heteronormative Monogamie doch wieder zum Maßstab der Beziehungen wird. Wir können allerdings trotz der Offenheit, die in einigen marginalen Milieus herrscht – auch wenn diese Milieus gesellschaftlich wirkungsmächtig erscheinen – nicht an der für die übergroße Mehrheit der Milieus normativen Wirklichkeit vorbeisehen. Polyamory ist marginal.

Eine weitere Schwierigkeit polyamoröser Beziehungen ist das Thema Eifersucht. Neben unserem Versuch im geschichtlichen Kapitel diese als ein Phänomen zu erklären, das seine historischen Gründe im Patriarchat und im Privatbesitz hat, müssen wir in der Auseinandersetzung um Polyamory uns damit beschäftigen, wie in einer patriarchalen Gesellschaft, die auf Privatbesitz basiert, mit diesem Phänomen umgegangen werden kann, wenn Liebesbeziehungen diesen beiden gesellschaftlichen Fundamenten widersprechen.

Polyamory und Queere Theorie haben nicht nur die Gemeinsamkeit, dass sie in gleichen oder nah verwandten Subkulturen ihren aktuellen Ausdruck finden. Beide bergen einen subversiven Aspekt, der herkömmliche repressive Moralvorstellungen angreift. Dabei werfen beide auch die Frage von Toleranz auf, die jenseits der repressiven Toleranz liegt, wie sie Herbert Marcuse definierte. In «vielfältigen Lebensweisen» finden wir einen Begriff der Pädagogik, der eine

Haltung formuliert, die den Transfer in den Alltag schaffen kann.

Dass unsere Vorstellungen von Liebe nicht «vom Himmel gefallen sind» werden wir im historischen Teil, dem Kapitel *Und wie war's?* aufzeigen. Im Mittelpunkt steht dabei die Frage, wie verschiedene Formen von Liebe in Europa entwickelt wurden. Es geht uns darum, aufzuzeigen, dass Liebe als Dispositiv eine ungeheure Wirkung auf alle Bereiche der verschiedenen europäischen Gesellschaften hatte. Gleichzeitig pressen Herrschaftsgefüge und soziale Bedingungen Liebesstile und Intimität in ein hierarchisches Korsett. Für unsere Betrachtungen steht dabei die Normativität im Mittelpunkt, mit der die herrschenden Formen der Liebe immer weiter verengt wurden. Besonders betrachten wir die Entwicklung der romantischen Zweierbeziehung hin zur Grundlage einer langfristigen Bindung, wie sie noch heute propagiert wird. Gleichzeitig werden wir das Subversive, das in den Abweichungen von dem Normalen bestand, als produktives Element herausarbeiten, welches in der gesellschaftlichen Entwicklung von Beziehungen eine wesentliche Rolle gespielt hat.

Die Diskussion um Polyamory findet auf der Grundlage von Heteronormativität vor allem in den großstädtischen Zentren als eine typische postmoderne Auseinandersetzung statt. Wir wollen im Kapitel *Jenseits der normalen Horizonte* zwei Beispiele von Liebesbeziehungen, wie sie außerhalb von Europa noch in einigen anderen Regionen anzutreffen sind, vorstellen. In der Auseinandersetzung mit der Besuchsehe rufen wir partnerschaftliche Beziehungen jenseits der bürgerlichen Ehe in Erinnerung. Dabei wird, wie auch im historischen Kapitel, ins Auge fallen, dass Gesellschaften, in denen Frauen eine weniger unterprivilegierte Stellung haben, die Liebesverhältnisse als Grundlage des Zusammenlebens weniger zwanghaft sind.

Die historische Betrachtung der Liebe zwischen den Menschen und die Ausflüge in Gesellschaften in anderen Regionen sollen uns nicht nur die Vergänglichkeit verschiedener Liebesformen vor Augen führen, sie sollen nicht nur erklären, wieso wir lieben wie wir lieben, sie führt uns auch in das spannende Reich der Spekulation darüber, wie es weitergehen kann. *Schöne Aussichten?* stellt eine (für uns) negative Zukunftsaussicht am Ende unserer Betrachtungen einer positiven gegenüber.

Bei all diesen Ausführungen werden wir auch auf den hier skizzierten Begriff der Liebe kritisch eingehen. Denn wenn wir den Diskurs um Liebesbeziehungen, wie wir ihn vorfinden, der heteronormative monogame Beziehungen tradiert und so das scheinbar Natürliche festschreibt, kritisieren, müssen wir vermeiden, dem eine neue Norm entgegenzustellen. Ob uns das gelingt, dürfen die Leser_Innen am Ende entscheiden.

3. Liebe: Ein Verwirrspiel

Die Liebe ist ein seltsames Spiel
sie kommt und geht von einem zum andern.
Sie nimmt uns alles
doch sie gibt auch viel zu viel.
Die Liebe ist ein seltsames Spiel
Connie Francis

Liebe ist, als ob Du strauchelnd fällst und mit einer schönen Blume in der Hand wieder aufstehst
Thomas Schroedter

Der Versuch, in diesem Buch einen Einblick zu geben in eine Bewegung, eine Tatsache oder einfach nur eine Konstruktion, die mit den herrschenden Vorstellungen von Liebesbeziehungen bricht, führt uns auf einen verschlungenen Pfad. Polyamory bedeutet frei übersetzt: «Mehr als eine Liebe»[1] oder «Viele Lieben». Der erste Teil des Wortes versteht sich dabei von selbst. Und Liebe nicht? Weiß nicht jeder und jede genau, was Liebe ist? Ist Liebe nicht normal und so natürlich, dass sie keine Erklärung benötigt? Polyamory wäre dann einfach zu erklären, wenn die Definition von dem, was Liebe ist, eine so simple Handreichung wäre, wie etwa die Straßenverkehrsordnung. Doch Roland Barthes hat in seinem Glossar «Fragmente einer Sprache der Liebe» sehr schön klargemacht, dass «der Diskurs der Liebe lediglich ein Schwarm von Figuren ist, die sich in unvorhersehbarer Reihenfolge, nach Art der Zickzackflüge einer Fliege im Zimmer jagen» (Barthes 1984, S. 50). Wenn wir dem Besonderen, nämlich der Polyamory, und seinen ebenfalls vielfältigen Figuren auf die Spur kommen möchten, müssen wir zuerst versuchen, dem «Diskurs der Liebe» zu folgen, ihn zu er-

1 Gleichzeitig der Titel eines deutschen Sammelbandes von Laura Méritt et al.

hellen und unseren Standpunkt zu erklären, von dem aus wir dieser Jagd folgen. Der Elfenbeinturm der Wissenschaft wird so in Sachen Liebe zum Hochsitz, auf dem nicht ein Jäger, sondern viele Fotograf_Innen sitzen, die sich nicht entscheiden können, auf welche Figur sie ihre Kamera zuerst richten sollen. Wir wollen auf den folgenden Seiten versuchen einige Entscheidungshilfen zu geben. Dies können natürlich auch Aufforderungen sein, den Hochsitz zu verlassen und uns auf Pfaden zu folgen, die in entlegene Gefilde führen, in denen das Bild von «der Liebe» in ein neues Licht getaucht wird.

Den ersten Schritt zur Verwirrung haben vielleicht schon die Fotograf_Innen, mit ihrem Unterstrich und dem Binnen-I, beigesteuert. Da es im Verlauf unserer Ausführungen auch immer wieder um ähnliche Begrifflichkeiten gehen wird und um sprachliche Bestimmungen von Wirklichkeiten, also kurz gesagt: um die Macht der Sprache, möchten wir die Erklärung zu unserer Schreibweise genau wie unsere Schwierigkeiten mit diesem Phänomen nicht auf eine Fußnote reduzieren. Es geht uns bei der von uns gewählten Schreibweise darum, die Aufmerksamkeit auf die Normierung von gesellschaftlichen Verhältnissen zu lenken, die sich auch in der Sprache manifestieren. Wir versuchen in der Benutzung des Unterstrichs und des Binnen-I vor allem zwei Bewegungen Rechnung zu tragen, die maßgeblichen Einfluss auch auf die Auseinandersetzung um die Frage der intimen Liebesverhältnisse und auch der Polyamory gehabt haben. Das Binnen-I – unseres Wissens zuerst in der Schweizer Wochenzeitung «WOZ» eingeführt – war in den achtziger Jahren des letzten Jahrhunderts ein Ergebnis der Auseinandersetzungen der deutschsprachigen Frauenbewegung mit männlich dominierter Sprache und männlichem Sprachverhalten. Der Unterstrich im Wort (Fotograf_Innen) geht auf Steffen Kitty Herrmann (2003) zurück und hat seine Wurzeln in der Transgender-Bewegung. Mit ihm werden all diejenigen (wieder) in die Sprache eingeschrieben, die von ihr ausgeschlossen wurden bzw. werden. Der Unterstrich bietet die Möglichkeiten, all diejenigen sichtbar zu machen, die entweder von der zweigeschlechtlichen Ordnung ausgeschlossen werden oder aber nicht Teil von ihr sein wollen. Teilweise wird auf die Kategorisierung im Zweigeschlechtersystem durch das Binnen-I ganz verzichtet und ausschließlich Platz (zum Einordnen oder auch nicht) durch den Unterstrich gelassen. Wir bevorzugen in diesem Buch exemplarisch die Kombination, um unsere Referenz auf Frauen und Männer im Zweigeschlechtersystem zu kennzeichnen, um die damit einhergehende binäre Normierung zu unterstreichen und sichtbar zu machen.

Wir unterstellen, dass alle, die dieses Buch zur Hand nehmen, schon einmal durch die Höhen und Tiefen leidenschaftlicher Liebe gegangen sind, und möchten deutlich machen, dass es sich bei diesem Buch um keinen Ratgeber handelt. Wir bieten also keine Lösungen, wie Sie mit einer Situation umgehen können, in der Sie in mehr als eine Person verliebt sind. Aber vielleicht werden Sie sich besser fühlen in dem Bewusstsein nicht allein zu sein? Vielleicht werden Sie es auch als Erleichterung empfinden, Worte zu finden, für das, was so schwer zu erklären ist und in unserer Gesellschaft (noch) vieler Rechtfertigungen bedarf? Was wir in jedem Fall vermeiden wollen, ist eine Hierarchisierung von Liebesweisen, wie sie mit den meisten Veröffentlichungen zum Thema Polyamory Hand in Hand gehen. So suggerieren Titel wie «Polyamory – The new love without Limits» und «The ethical Slut», dass die polyamoröse Liebesweise neu und besser, grenzenloser oder ethischer ist. Andere Bücher sagen es deutlich im Untertitel: «Wenn man mehr als einen liebt – Frauen und Männer erzählen von ihrer Art, Partnerschaft freier zu leben». Wir möchten hier also lediglich eine Variante der Möglichkeiten, Liebe zu leben, beschreiben und nicht bewerten. Wir laden also jeden und jede ein, sich an die Möglichkeit der Polyamory zu erinnern, sie neu zu entdecken oder sie (noch) einmal zu überprüfen.

Welche Liebe also meinen wir? Auch der so genannte Volksmund, der in der Regel unkompliziert daherkommt, macht bei Fragen der Liebe ab und zu eine Ausnahme: «Liebe geht durch den Magen» heißt es in einer deutschen Redensart. Auf den ersten Blick eine klare Aussage. Aber sind damit nicht auch die Schmetterlinge, das Gefühl im Magen bei akuter Verliebtheit gemeint, oder eben nur einfach die verführerischen Fähigkeiten eines kulinarischen Mahls? Möglich wäre auch eine Interpretation, nach der die Liebe den Hunger überdecken kann. Zumindest für eine Weile, denn die entsprechende Redensart im Spanischen lautet: Sin pan ni vino el amor se enfría?[2] Ist hier nur weniger Romantik im Raum oder geht es eher darum zu bemerken, dass die Liebe zwischen Menschen Kommunikation bedeutet, die stilvoll betrieben werden sollte? Doch in einer Gesellschaft, in der Waren verkauft werden müssen, egal ob sie sinnvoll sind oder nicht, werden Stil, Romantik und Kulinarisches banalisiert, werden die Figuren wie die Fliegen, die sich auf die Wand setzen, zermatscht:

«Ich liebe es», heißt es bei McDonald's.

Die Liebe zu einer Fastfoodkette, das ist profan im ursprünglichen Sinne: Pro fano, «vor dem heiligen Bezirk» liegend. So ist dieser Spruch nicht nur ein Produkt banalisierenden Marketings, sondern zugleich eine narzisstische Erklärung des Essverhaltens einer Gesellschaft, deren Ökonomie sich vor den heiligen Hallen der Kultur derart niedergelassen hat, dass bekanntlich die meisten US-amerikanischen Kinder Ronald McDonald kennen, nicht aber ihren Präsidenten. Polyamory wäre so die Frage danach, ob wir mehrere Fastfoodketten gleichzeitig lieben können. Die Möglichkeit einer solchen Interpretation macht allerdings auch deutlich, in welch oberflächlicher Form in unserer Gesellschaft mit dem Begriff Liebe umgegangen wird. Können wir in einer Gesellschaft, die annähernd der Totalität der Verwertung unterworfen wird, einer solch profanen Liebe entkommen?

Die romantische Verklärung einer Zweisamkeit, die diesem Marketing scheinbar entgegensteht und die in unzähligen Schlagern besungen wird, ist aber nicht der Antipode. Wir bekommen allerdings beides serviert. Doch der «Burger» und der «Schlager» lassen uns mit dem sicheren Gefühl zurück, dass beide eher eine Lüge über die Liebe sind.

Alle, die die Oberflächlichkeit dieser scheinbar leichten Warenwelt verlassen, werden Gabriel Garcia Marquez zu-

---

2 Wörtlich: Ohne Wein und Brot erkaltet die Liebe.

stimmen, der in *Die Liebe in Zeiten der Cholera* feststellt: «Nichts auf der Welt ist schwieriger als die Liebe». Und die Schwierigkeiten beginnen eben damit zu sagen, was denn «die Liebe» überhaupt ist. Ist sie zur Religion geworden, dient sie nur der Ermöglichung von Kommunikation oder ist sie der Wunsch, die Zerrissenheit der Menschen zu überwinden? Es ließen sich unzählige Definitionen des Liebesbegriffes geben. Die meisten dienen den jeweiligen Theoretiker_innen, das Phänomen Liebe in ihr Theoriegebäude einzubauen.

Wir nähern uns dem Begriff, um das Phänomen Polyamory mit nachvollziehbaren Inhalten zu füllen. Bei der Vielzahl von Definitionen ist die Frage naheliegend, welche «Amor» als Bestandteil des Begriffes Polyamory nun gemeint ist? Eine exakte Definition, was genau polyamoröse Liebe bedeutet, ist bisher in keiner Quelle dargestellt. Eine solch exakte, trennscharfe Festlegung wäre auch kontraproduktiv. Denn eine solche Definition, die bestimmt, was eine polyamoröse Beziehung genau ist und was nicht, würde den Begriff in seiner Produktivität einengen. Das Potential des Begriffes besteht eben darin, Grenzen zu öffnen, verschiedene Liebe ohne vertikale Hierarchien nebeneinander zu ermöglichen. Was meinen wir also, wenn wir im Weiteren den Begriff Liebe verwenden? Eine Skizze und einige kritische Anmerkungen sollen zu Beginn unserer Ausführungen genügen, um die Begrifflichkeiten möglichst eindeutig und nachvollziehbar werden zu lassen. Dies vor allem, damit sich schnell erahnen lässt, welchen Charakter die Liebe bei uns hat, die sich im *amor* der Polyamory verbergen könnte.

Eine Annäherung an einen umfassenden Liebesbegriff, der genau in die Richtung einer hierarchiefreien Definition deutet, hat der kanadische Sozialpsychologe John Alan Lee in seinem Buch «Colors of Love» 1976 entwickelt. Die zehn Begrifflichkeiten, die es für die verschiedenen Liebesarten im antiken Griechenland gab, hat er auf sechs «Stile der Liebe» reduziert.

«***Eros*** Das ist der alte/antike griechische Begriff für eine Liebe, die von idealen Schönheitsbildern fasziniert ist. Dieser Liebesstil ist die Suche nach einem perfekten Geliebten.

Ludus Das ist das lateinische Wort für «Schauspiel» oder «Spiel», das sich auf Brutus reimt. Es wurde zum ersten Mal benutzt im Jahre 1 v. Chr. von dem römischen Dichter Ovid, um eine Liebe zu beschrieben, die eher spielerisch als ernsthaft ist. Es kann von einer beliebigen Anzahl [von Spielern] gespielt werden.

Storge Die antiken Griechen benutzten dieses Wort, um die natürliche Zuneigung zu beschreiben, die sich zwischen sich nahestehenden Brüdern und Schwestern oder Freunden aus der Kindheit entwickelt. Es ist ein liebevoller, partnerschaftlicher Stil des Liebens. *Storge* reimt sich im Englischen mit «more gay», fröhlicher, schwuler[3].

Manie Die griechischen Philosophen glaubten, dass manche Liebenden von einem Wahnsinn der Götter ergriffen wurden, der sie dazu brachte, sich albern zu verhalten. *Manie* ist mein Begriff für zwanghafte, eifersüchtige, offensichtlich irrationale Liebe.

Agape Als der heilige Paul den Korinthern sanfte, uneigennützige, pflichterfüllte Liebe erklären wollte, benutzte er den griechischen Begriff »agape». Es reimt sich mit «what-a-day» (was für ein Tag!). (Agape ist geschenkte Liebe ohne Hintergedanken und ohne (verknüpfte) Bedingungen.)

Pragma Das ist die griechische Wurzel für unser Wort «pragmatisch». Ich benutze es für den Stil des Liebens, der Übereinstimmung und gesunden Menschenverstand hervorhebt. Früher wurde dieser Liebesstil oftmals als »arrangierte Hochzeit» bezeichnet. Heute kann er durch Computer-Heiratsservices geplant werden (Lee 1976, S. 9f.).

Eine solche Aufteilung hat gegenüber anderen Vorgehensweisen den Vorteil, dass es uns ermöglicht, die Stile der Liebe vom liebenden Subjekt aus zu betrachten, ohne das Objekt der Liebe festzulegen.[4] Andere Definitionen beziehen direkt

3 Das Wort «gay» bedeutete bis in die sechziger Jahre des 20. Jahrhunderts «fröhlich» oder «lebenslustig», die semantische Bedeutungsverschiebung zu «homosexuell» setzte mit der Bewegung der Schwulen und Lesben Ende der sechziger Jahre ein.

4 John Alan Lee nutzt die von ihm zusammengefassten Stile allerdings in einem anderen Sinne. Er bezieht in den Betrachtungen immer den Einen oder die Andere in seine Definition ein. Wäh-

das Objekt der Liebe und /oder die Kommunikation mit ein. Eine solche Herangehensweise schränkt den Begriff ein und schafft Bewertungen, Hierarchien oder sogar Normen, die unsere Betrachtungen in ein wertendes Urteil verwandeln würden. Unser Anliegen ist es demgegenüber, Bewertungen nur als solche gekennzeichnet einfließen zu lassen und sie nicht en passant als Einschränkungen einzuführen. Ein Beispiel für eine solche Einengung kritisieren Ulrich Beck und Elisabeth Beck-Gernsheim in ihrem Buch: *Das ganz normale Chaos der Liebe.* «Man kann viele und vieles lieben: Andalusien, seine Großmutter, Goethe, schwarze Netzstrümpfe auf weißer Haut, Schmalzbrot mit Käse, das auffordernde Funkeln in den Augen einer Vollbusigen, ofenwarme Semmeln, das Spiel der Wolken und der Beine, Erna, Eva, Paul, Heinz-Dietrich – gleichzeitig, nacheinander, maßlos, schweigsam, mit Händen, Zähnen, Worten, Blicken, Sorgen. Doch die geschlechtliche Liebe (in welcher Form auch immer) ist von einer solchen Gewalt und Turbulenz, daß wir oft das All der Liebesmöglichkeiten auf diese flackernde, trügerische Wunscheinheit von Wort, Hand, Kuß, um hier abzubrechen, einschränken.» (Beck/Beck-Gernsheim 1990, S. 20). Die Verwendung der sechs Liebesstile nach Lee ermöglicht es, uns dieser Einschränkung zu entziehen, ohne in eine unendliche Beliebigkeit zu verfallen. Die Art und Weise wie und wer geliebt wird, können wir auf Grundlage der Stile besser in einen soziohistorischen Zusammenhang stellen und so der Falle entgehen, bestimmte Formen der Liebe als Norm zu definieren, sie gar als natürlich anzusehen oder uns in der Unendlichkeit zu verlieren. So können zum Beispiel bei bestimmten Menschen «schwarze Netzstrümpfe» – auf welcher Haut auch immer – sicherlich ebenfalls «das All der Liebesmöglichkeiten» völlig ausfüllen, doch Lees Definitionen machen z.B. eine Unterscheidung zum All der christlichen Nächstenliebe möglich.

---

rend wir diese Stile nicht als hierarchische Einteilung betrachten, sondern damit lediglich die Vielfältigkeit der Liebesformen ausdrücken, unterteilt Lee die Stile in «Primaries» und «Secondaries». Seine Betrachtungen sind auch weit davon entfernt, Monogamie als normative Liebesweise in Frage zu stellen.

Eine andere, an der Kommunikation angelehnte Sichtweise zeigt uns Francesco Alberoni in seinem Artikel *Historisierung und Punkte ohne Wiederkehr*: Die Welt «zentriert sich neu im Blick auf einen ganz und gar begehrenswerten Menschen, der uns, wenn er uns Ja sagt, etwas so Bedeutsames gibt, daß alles übrige an Bedeutung und Wert verliert. Wenn die von uns geliebte Person unsere Liebe erwidert, dann scheint uns das gesamte Universum offen zu stehen, uns lachend und liebevoll sein Wohlwollen zu zeigen. Durch die Verschmelzung mit unserem oder unserer Geliebten haben wir geradezu den Eindruck, mit der Essenz des Kosmos in Beziehung zu stehen, ja an seiner göttlichen Harmonie teilzunehmen. Auf einmal fühlen wir uns nicht mehr vollkommen allein, sondern in gewissem Sinne mit allem verschmolzen und Teil einer gemeinsamen Substanz.» (Alberoni 2000, S. 12). Hier wird die Liebe exakt auf eine romantische Verliebtheit reduziert. Eine Liebe, die nur verehrt, wie zum Beispiel die Minne oder die pragmatische Liebe, fällt aus dieser Beschreibung völlig heraus.

Wenn wir also allgemein von Liebe reden, so als eine Zusammenfassung der sechs Stile, als Teil der Gefühle, die eine Grundlage der menschlichen Kommunikation bilden. Als eine kulturelle Variable der historischen Menschheitsentwicklung sind die verschiedenen Formen der Liebe Beweggrund der Kommunikation. Gleichzeitig werden sie aber auch Gegenstand der Kommunikation. Dabei gehen diese Gefühle bei der Liebe von Mensch zu Mensch den Weg von der Encodierung zur Decodierung. Das bedeutet, dass es sich um einen wenig transparenten Prozess handelt, in dem instabile Bedeutungen von einem Sender zum Empfänger transportiert werden. Eine solche Liebe kann gesellschaftliche Erwartungen erfüllen, wie bei der Mutterliebe. Sie kann in anderer Form ein irrationales und gleichzeitig wirksames Kriterium sein, das bei der Wahl zwischen verschiedenen Möglichkeiten von hoher Bedeutung ist. So in der Verliebtheit einer romantischen Zweierbeziehung. Auch hier ist uns die Aufteilung nach Stilen der Liebe eine Hilfe. Denn so kann jede einzelne Liebe auch als einzigartig wahrgenommen werden, da sie nie das Ganze der Stile sein kann, sondern sich in ihrer eigenen Art aus verschiedenen Mosaiksteinen dieser Liebesstile zu einem Bild zusammensetzt.

Wie andere Gefühle (Trauer, Freude, Wut) ist sie ein – in einen gesellschaftlichen Kontext eingebundenes – subjektives Erleben. In der Wechselwirkung zwischen Erleben und Handeln ist die Liebe eine Grundlage für das Handeln der Subjekte. Sie befindet sich damit auch im Zentrum machtpolitischer Interessen. In diesem Zentrum bildet Liebe zwischen den gesellschaftlichen Ensembles von Sexualität, Freundschaft, Solidarität und Glauben ein Dispositiv [5]

Ausgehend von dieser abstrakten Definition von Liebe, als Ganzes der sechs Liebesstile, werden wir bei den konkreten Erscheinungen beim Abstieg von diesem abstrakten Niveau des Ganzen auf die konkrete Form die verschiedenen Liebesstile eher als Werkzeuge denn als konkrete Erscheinungen behandeln. Dabei kann es sich um die Verknüpfung verschiedener Stile handeln, oder es wird notwendig sein, bestimmte Stile noch weiter zu unterteilen. Solche Verbindungen sind bei den unterschiedlichen Stilen der Liebe sehr verschieden ausgeprägt und ihre Gewichtungen sind in verschiedenen Gesellschaften, wie wir besonders im historischen Teil unserer Ausführungen sehen werden, deutlich andere. Diese sehr verschiedenen Gewichtungen der einzelnen Stile und ihrer Verbindungen innerhalb der Gesellschaften haben so für die Menschen auch unterschiedlich wichtige Bedeutungen im Leben.

Bei unseren Ausführungen ist es an vielen Stellen daher sinnvoll, Bezeichnungen zu benutzen, die die konkrete Erscheinung der Liebe in verschiedenen Gesellschaftsformationen in klaren Farben zeichnen, um die Bedeutungen für

---

5 Wir benutzen hier den Dispositivbegriff Foucaults, der darunter «ein entschieden heterogenes Ensemble (versteht), das Diskurse, Institutionen, architektonische Einrichtungen, reglementierende Entscheidungen, Gesetze, administrative Maßnahmen, wissenschaftliche Aussagen, philosophische, moralische oder philanthropische Lehrsätze, kurz: Gesagtes ebensowohl wie Ungesagtes umfasst. Soweit die Elemente des Dispositivs. Das Dispositiv ist das Netz, das zwischen diesen Elementen geknüpft ist» (Foucault 1978, S. 119f.).

die Menschen nicht zu einem undifferenzierten Grau zu verwischen. Wir verwenden zum Beispiel die Begriffe: «leidenschaftliche Liebe» und «Verliebtheit» für den Zustand, in dem sich Menschen befinden, die sich – um es einmal alltagssprachlich auszudrücken – mit Haut und Haaren in einen (oder mehrere) Menschen «verknallt haben». Also einer Mischung aus Agape, Eros und Mania. Wir müssen gerade in Bezug auf Polyamory die leidenschaftliche Liebe trennen, sowohl von der Sexualisierung einer Beziehung als auch der langfristigen freundschaftlichen, partnerschaftlichen Bindung. Das ist keine willkürliche Trennung, sondern eine solche Trennung ist aufgrund von historischen Untersuchungen notwendig. Es gab historisch belegte Liebesformen (und es gibt sie sicher auch heute), in denen ohne sexuellen Kontakt geliebt wurde. Ebenso schlossen sich Ehe und Verliebtheit im Mittelalter nahezu aus. Aber auch neurobiologische Forschungen widersprechen einer solchen Trennung nicht. Helen Fisher hat in ihren neurologischen Untersuchungen herausgefunden, dass es sich um drei in sich komplexe Vorgänge handelt, die bei den von ihr untersuchten Personen in Verbindung standen (Fisher 2007).

Dennoch wird in großen Teilen der Literatur, gleichgültig, wie sie an das Thema Liebe herangehen, die scheinbar zwangsläufige Verbindung von Sexualität und Liebe behauptet. Das geschieht in verschiedenen Arbeiten in erstaunlich gleicher Weise. So formuliert Ulrich Beer in seinem konservativen Ratgeber «Liebe, Eifersucht und Treue», dass Liebe und Sex «untrennbar miteinander verbunden» sind (Beer 1993, S. 10). Daniela Rastetter zitiert den eher konstruktivistischen Sexualforscher Gunter Schmidt, der meint, dass »Sexualität besonders intensiv und erfüllend ist, wenn sie in Liebe geschieht, und daß Liebe sexuellen Ausdruck braucht, um sich zu verwirklichen.» (Schmidt, zit. n. Rastetter 1994, S. 19). Auch die selbsternannte «Liebesexpertin» Helen Fisher behauptet den unlöslichen Zusammenhang: «Tatsächlich kann diese drei Pfund schwere graue Masse eine Sehnsucht hervorrufen, die so stark ist, dass alle Welt sie besungen hat – die romantische Liebe. Und um unser Leben noch verwickelter zu machen, ist diese Leidenschaft auch noch untrennbar verbunden mit zwei anderen elementaren Paarungstrieben, dem Sexualtrieb und dem Bedürfnis, eine tiefe gefühlsmäßige Bindung an einen Liebespartner zu entwickeln.» (Fisher 2005, S. 96).[6]

Helen Fisher hat sich vor allem mit Prozessen auseinandergesetzt, die im Hirn bei den verschiedenen Formen der Liebe ablaufen. Eigentlich kommt sie dabei zu Ergebnissen, die dem Zitat widersprechen, und sie beschreibt im Anschluss an das Zitat sehr genau, dass bei Lust nach Sex, bei dem Wunsch nach Bindung und in der Situation der Verliebtheit andere Prozesse im Hirn ablaufen (S. 97 ff.).

Bis hin zu Versuchen von wissenschaftlichen Definitionen dessen, was Liebe ist, wird der Diskurs zudem geprägt von einer normativen Auffassung «der Liebe» als ehestiftendem Faktor. Damit ist in der Regel eine Beziehung gemeint, die in eine langfristig freundschaftliche, partnerschaftliche Bindung mündet. Dass diese Langfristigkeit der Liebesbeziehung kaum mehr der gesellschaftlichen Realität entspricht, ist allein durch die hohen Scheidungszahlen belegt. Laut Statistischem Bundesamt beträgt die Häufigkeit der Scheidungen in den letzten zehn Jahren mindestens fünfzig Prozent. Das heißt: In einem Kalenderjahr werden doppelt so viele Ehen geschlossen wie geschieden werden (Statistisches Bundesamt 2009). Felix Ihlefeldt hat aufgrund von Statistiken errechnet, dass in der Bundesrepublik Deutschland im Jahre 2008 eine Ehe durchschnittlich nach neun und einem halben Jahr geschieden wird (Ihlefeldt 2008, S. 8).

Die sechs Liebesstile sind – wie bereits angedeutet – nicht trennscharf. Da kann der Liebesstil der Agape in der Verbindung mit dem der Mania zum Begriff der «transzendentalen Liebe» werden, bei dem der Eros mitunter auch noch eine

6 Maren Klostermann hat Fishers Begriff «romantic love» mit «romantische Liebe» übersetzt. Wir bezeichnen in unseren Ausführungen den hier gemeinten Liebesstil als leidenschaftliche Liebe. Die unhistorische Herangehensweise in Fishers Arbeiten lässt sie zu dem problematischen Schluss kommen, dass verschiedene Arten der Liebe den Charakter anthropologischer Konstanten besitzen. Daher ist die «romantische Liebe», wie wir sie definieren, kein Bestandteil ihrer Untersuchungen.

Rolle spielt. Mit dem Begriff der «transzendentalen Liebe» fassen wir all die Liebesäußerungen zusammen, die in der Liebe zu anderen Personen eine emotionale Nähe zu Göttinnen, Göttern oder ähnlichen übermenschlichen Phänomenen verorten. Dieses ist für die Auseinandersetzung mit der Polyamory ein wichtiges Feld, da besonders in den USA der esoterische Teil der Polyamory-Bewegung von großer Bedeutung ist. Auch im Christentum gibt es die Liebe zu Gott, die besonders im Mittelalter über die Liebe zu einem Menschen gestellt wurde. Eine solch transzendentale Liebe wird uns im Johannesevangelium präsentiert: «Wer nicht lieb hat, der kennt Gott nicht; denn Gott ist Liebe» (1 Joh. 4,8.16). In Zusammenhängen von Tantraschulen und esoterischen Selbsterfahrungsgruppen spielt diese transzendentale Liebe in der Auseinandersetzung mit Polyamory ebenfalls eine große Rolle.

Der spirituelle Anteil an der Liebe hat sich laut Ulrich Beck und Elisabeth Beck-Gernsheim in die Religion Liebe gewandelt. Gleichzeitig wird die Liebe vermessen. In Mathematik, Neurobiologie und anderen Naturwissenschaften entwerfen Wissenschaftler_Innen Modelle, versuchen in Untersuchungen und Experimenten der Verliebtheit auf die Spur zu kommen. Die unterschiedlichen Formen der Liebe, wie wir sie heute antreffen, werden dabei in der Regel auf eine Mischung aus Eros und Mania reduziert. Dabei werden menschliche Gefühle auf Formeln und isolierte neurobiologische Vorgänge reduziert, die den ganzen Menschen als Geschichte-machenden, als Kultur-schaffenden aus dem Auge verlieren. Sie addieren vielleicht noch ihre Untersuchungen, aber das Ganze gerät zunehmend aus dem Blick. Die Botschaften, die diese Forschungen verbreiten, werden gehört, werden zur Wahrheit der Ratgeber und von den Gläubigen in ein dementsprechendes Handeln umgesetzt.

Das Verwirrspiel Liebe können solche Untersuchungen aber auch vor allem aufgrund ihrer Geschichtslosigkeit nicht entwirren. Das Ganze der Liebe, wie sie der einzelne Mensch erlebt, setzt sich immer wieder neu zusammen, nach geschichtlicher Epoche, nach Klasse, nach Milieu, nach Geschlecht, nach kulturellem Hintergrund und nach dem, was der einzelne Mensch als individuelle Leistung aus all dem macht. Die Festlegung auf das, was Liebe ist, bringt dabei immer eine Reduzierung mit sich und es bedarf der Klugheit eines Platon einfach verschiedene Konzepte nebeneinanderzustellen, ohne dass eines richtiger als das andere daherkommt.

Im Weiteren werden wir konkrete Erscheinungen von Liebe in den entsprechenden Kapiteln definieren. Also die romantische Liebe im historischen Kapitel und die monogame Liebe im Kapitel, in dem wir normative Liebesvorstellungen als Definitionshilfen für Polyamory verwenden.

Es bliebe also noch die Frage: *Warum* liebt der Mensch? Eine wissenschaftlich und populär gleichermaßen anerkannte Begründung auf diese Frage scheint es nicht zu geben, auch wenn die Mehrheit der Wissenschaftler zu der eher entwicklungspsychologischen Anziehungstheorie neigt. «Sie glauben, dass Liebe aus dem Zusammenwirken von Anziehung, Fürsorge und Sexualverhalten entsteht, drei Faktoren, die auf verschiedenen Entwicklungsstufen einer Beziehung ins Spiel kommen. Dabei stellt die Anziehung eine Erweiterung jener frühen Gefühlbindung dar, die wir als Kind gegenüber den ersten Personen empfinden, die uns versorgen.» (Cresswell 2005, S. 26). Dass Neurobiologen den Grund in den Genen vermuten und vergleichende Verhaltensforscher «die Liebe» auch bei den verschiedensten Tierarten beobachten, kann uns hier nicht weiterhelfen. Unsere These, dass es sich bei Liebe um eine Variable der menschlichen Kultur handelt, werden wir in unseren Ausführungen belegen und vor allem in Bezug auf das Wesen der Polyamory noch einmal überprüfen.

Doch auch da müssen wir noch einmal betonen, dass die Liebe, die wir für einen anderen Menschen empfinden, ein subjektives Gefühl bleibt, das sich nicht in eine Schublade «richtige Liebe versus nicht richtige Liebe» stecken lässt. Von daher ist unser Beitrag eher ein Leitfaden, um sich nicht im Labyrinth der Liebe zu verirren, als eine Antwort darauf, ob Polyamory die Lösung für «das ganz normale Chaos der Liebe» ist (Beck und Elisabeth Beck-Gernsheim 1990).

4. Poly-Was? Oder: Was ist Polyamory?

Your love is located within you. It is yours to nurture and savor, to give to others in any way you choose. Love must be without qualifications or demands. You must learn to find ecstasy in other people's happiness. Once you feel love for yourself, it is quite normal to give it away.»
Wayne Dyer, *Gifts from Eykis*

4.1 Definieren und Normieren

D*a die lateinische Wortwurzel amor Liebe bedeutet und die griechische πολύς polýs viel, mehrere, lässt sich Polyamory wörtlich mit viele Lieben oder mehr als eine Liebe übersetzen* (Klesse 2005, S. 124). Polyamory findet sich auch in manchen Publikationen mit der Schreibweise Polyamorie, Polyamoury und polyamourös. Sofern wir nicht wörtlich zitieren, verwenden wir die Schreibweisen Polyamory und polyamorös. Klesse und Noël definieren Polyamory wie folgt:

«Polyamory ist ein Beziehungskonzept, das es ermöglicht, sexuelle und/oder Liebesbeziehungen mit mehreren Partner_Innen gleichzeitig einzugehen. Voraussetzung ist, dass alle Beteiligten um den nicht-monogamen Charakter der Beziehungen wissen und diesen befürworten. Offenheit, Kommunikation und Konsensfindung sind zentrale Werte dieser Beziehungsphilosophie und begründen ihren ethischen Anspruch. Polyamory hat ihre Wurzeln in der feministischen Kritik an Zwangsehe und Zwangsmonogamie und in den Experimenten der 1960er-Jahre mit nicht-monogamen Lebensweisen in verschiedenen Subkulturen. Heute wird Polyamory vielfach mit New Age, Esoterik und dem Wunsch nach Spiritualität und alternativen Lebensweisen assoziiert» (Klesse 2007, S. 315, Noël 2006).

Diese Definition greift unseres Erachtens bereits fast alle wichtigen Aspekte auf. Darüber hinaus ist es auch hier notwendig, auf den Aspekt der Normierung einzugehen. Im Folgenden betrachten wir den Begriff bzw. das Konzept der Polyamory aus verschiedenen Perspektiven: fachlich, kritisch, spirituell, partnerschaftlich, politisch, populärwissenschaftlich etc., auf jeden Fall aber forschend und aufmerksam. Am Ende entsteht ein Bild der Polyamory, ähnlich dem in einem Kaleidoskop, das vielfältige, flexible und ineinander übergehende Bilder darstellt.

Wir sind überzeugt, dass die meisten Menschen mehr als einen Menschen zur gleichen Zeit lieben oder geliebt haben. Wir finden auch in den Ratgebern und Texten zur Polyamory einen Umgang mit dem Begriff Liebe, der in der Regel darunter eine romantische Liebe versteht, zumeist auch ein Verliebtsein oder eine innige Liebe. Die verschiedenen Formen der Liebe, die dieses Gefühl differenzierter betrachten, finden keine Beachtung. So scheint die Entschlüsselung dessen, was mit dem Begriff Liebe in dem jeweiligen Text gemeint ist, einfach. Es bleibt aber gerade in Bezug auf unsere Betrachtung von Polyamory die Frage: Ist hier Liebe gleich Liebe? Mit polyamoröser Liebe ist in diesen Texten zum Beispiel nicht gemeint, dass eine Mutter gleichzeitig Kind und Liebhaber_In liebt. Es ist nicht notwendig das Konzept des Ödipuskomplexes aus der Psychoanalyse zu übernehmen, um festzustellen, dass es auch in einem solchen Beziehungsgeflecht durchaus zu ähnlichen »Beziehungsschwierigkeiten« kommen kann wie in nichtmonogamen Beziehungen, bei denen keine Eltern-Kind-Zusammenhänge bestehen. Polyamoröse Beziehungen, wie sie in der Literatur durchweg besprochen werden, wurzeln in einer Verliebtheitsphase, wie sie heute auch jeder monogamen Beziehung zugeschrieben wird. Dabei implizieren solche Beziehungen für gewöhnlich die Einbeziehung einer sexuellen und/oder partnerschaftlichen Verbundenheit zu mehr als einem Menschen zur gleichen Zeit (Munson/Stelboum 1999, S. 1).

Carol Queen definiert Polyamory wie folgt: «[Polyamorie] bezieht sich eher auf eine Beziehungsstrategie als auf ein bestimmtes sexuelles Verhalten in einer Beziehung. Polyamory ist gekennzeichnet durch das Interesse eines oder beider Partner, mehr als eine sexuelle und/oder romantische Beziehung gleichzeitig zu führen, öffentlich und mit dem Einverständnis des anderen Partners (s. auch Rust [Rust 1996]).» (Queen 1996, S. 111).

Seit den 1950er Jahren entwickelten sich zunehmend unterschiedliche Begriffe, um Beziehungen außerhalb der monogamen Beziehungsstrukturen einen Namen zu geben. So wurde in den 1950er Jahren zunächst von «cheating» (in den USA) gesprochen, was frei übersetzt «fremdgehen» oder «betrügen» heißt.

«In den 1950ern wurde Sex außerhalb einer monogamen Paar-Beziehung einfach als ‹Fremdgehen› bezeichnet. Diese jahrhundertealte Doppelmoral um die Sexualität hat ihre Wurzeln in der Biologie. Frauen, die fremdgehen, waren «ungebunden» . Zu Männern, die durch heterosexuellen Geschlechtsverkehr nicht so leicht STDs[7] bekommen und erst recht nicht schwanger werden, wurde gesagt, sie ‹säen wilde Samen aus›, wenn sie mehrere sexuelle Verwicklungen hatten» (Munson/Stelboum 1999, S. 1f).

In den 1960er Jahren beschrieb der Begriff «free love» oder «Freie Liebe» vorrangig die (mehr oder weniger) ungehemmten, außerehelichen sexuellen Verbindungen. Die Begründung dieser «Freien Liebe» wird häufig der Erfindung der Anti-Baby-Pille und neuen medizinischen Möglichkeiten in der Bekämpfung von sexuell übertragbaren Infektionen zugeschrieben. Diese Erfindungen sind allerdings auch vorstellbar als Resultat gesellschaftlicher Veränderungen, die die In-Frage-Stellung sexueller Moralvorstellungen umfassten.

In den 1970er Jahren, nach der Veröffentlichung von Nenas und George O'Neills Buch «Die offene Ehe» (1972

7 STD steht als Abkürzung für Sexual Transmitted Diseases und wird auch im deutschen Sprachgebrauch als gängige Abkürzung für sexuell übertragbare Krankheiten verwendet. In den letzten Jahren tendieren Fachärzt_Innen und Präventionsarbeiter_Innen dazu, die Abkürzung STI zu verwenden, um von sexuell übertragbaren Infektionen zu sprechen. Dies soll vor allem im allgemeinen Sprachgebrauch die Unterscheidung von beispielsweise dem HI-Virus und der Krankheit AIDS geläufiger machen.

und 1974), wurde die Bezeichnung «offene Beziehung» populär. In den 1980er Jahren wurde hauptsächlich der Begriff Nicht-Monogamie benutzt, um gleichzeitige intime (Liebes-) Beziehungen zu beschreiben (Munson/Stelboum 1999).

Die Bezeichnung «Polyamory» wurde zunächst von den «Church of All»-Gründer_Innen Oberon Zell-Ravenheart und Morning Glory Zell-Ravenheart vorgeschlagen, um den «unbeholfenen» Ausdruck verantwortliche Nicht-Monogamie zu ersetzen (Anapol 1997, S. 5). Darin liegt wohl auch der starke Einfluss spiritueller und esoterischer Gruppen begründet, den viele Autor_Innen von Publikationen zur Polyamory aufgreifen. Eine Vielzahl populärer Bücher gibt dem Konzept eine spirituelle Bedeutung (Anapol 1997, Anderlini-D'Onofrio 2005), wie Klesse und Noël in ihrer eingangs dargestellten Definition bestätigen. 2008 und 2009 beschäftigen sich auch in Deutschland verschiedene Esoterik- und Tantrazeitschriften mit dem Thema Polyamory (z.B. Connection Tantra Special Nr. 11/09).

Das World Wide Web machte den Gebrauch des Ausdrucks Polyamory seit den neunziger Jahren des letzten Jahrhunderts weltweit populär und führte somit zu einem generellen Gebrauch des Wortes Polyamory.

Christian Klesse hat in den Jahren 1997–2003 eine empirische Studie zu schwulen und bisexuellen nicht-monogamen Beziehungen in Großbritannien durchgeführt[8], indem er unter anderem «Marianne» interviewte, die in der hybriden Wortschöpfung den Versuch begründet sieht, «einen positiven Begriff zu schaffen, der keinen Anstoß erregt. Ein Wort wie Polyphelia hingegen würde in der Öffentlichkeit mit Necrophilia und Pädophilia und somit negativ assoziiert werden» (Klesse 2005, S. 124).

Die meisten Vertreter_Innen der Polyamory-Bewegung bevorzugen den Gebrauch des Wortes Polyamory, da Nicht-Monogamie die Norm der Monogamie zu stark betont. Polyamorösen Beziehungen ist oft gemeinsam, das haben wir bereits weiter oben festgestellt, dass die Beteiligten in einer bewusst gewählten Lebensform, insbesondere einer bewusst

8 http://www.caw.org (zuletzt besucht am 30.4.2008).

gewählten Liebesform, leben, anstatt die übliche, meist gezeigte und gesellschaftlich akzeptierte Art der romantischen Zweierbeziehung (RZB)[9] zu führen (Anapol 1997). «Polyamory beschreibt also ein Prinzip, eine Beziehungsphilosophie oder eine sexuelle Ethik» (Klesse 2007, S. 319).

Viele Autor_Innen sind der Meinung, (verantwortungsvolle) nicht-monogame Beziehungen führen zu einem erweiterten Verständnis von Beziehungspraktiken, zur Bildung sexualitätsbejahender Subkulturen und sind Experimente in gemeinschaftlicher oder kommunaler Lebensführung (Weeks 1985, Easton/Liszt 1997, Klesse 2007).

Im Folgenden können wir die Bedeutung von Polyamory besser vermitteln, wenn wir auch die Bezeichnung verantwortungsvolle Nicht-Monogamie genauer anschauen.

Hierbei ist der «Nicht-Monogamie Part» wesentlich einfacher zu beschreiben als der vorangehende, der sich später durch die Werte und Grundsätze der Polyamory näher erklären wird.

Monogamie und Formen der Nicht-Monogamie als Definitionshilfe für Polyamory

Monogamie meint «das Zusammenleben mit nur einem Mann oder einer Frau als Partner ~ Einehe» (Langenscheidt 2008). Nach dem herrschenden kulturellen Verständnis ist die Ehe monogam und besteht qua Definition aus einer Paarbeziehung zwischen einem Mann und einer Frau. Diese Form der Einehe ist weltweit am meisten verbreitet (Schenk 1987, S. 20). Der Verweis auf Einehe macht deutlich, dass Monogamie sich ursprünglich auf die Ehe bezog und damit ein Zusammenleben mit nur einer PartnerIn[10] «[…] bis dass der Tod euch scheidet […]» gemeint war. Im heutigen Sprachgebrauch bezieht sich Monogamie auch auf nicht verheiratete Partner_innen in (Zweier-)Beziehungen. Treue bzw. sexuelle Treue ist jedoch nicht die Grundlage der ver-

9 Klesse, Christian (2003): Bisexual Women, Non-Monogamies, Power, Resistance and Normalisation. Unveröffentlichte Doktorarbeit, Department of Sociology, University of Essex; Auszüge zu lesen in: Klesse (2005).

10 Auf die Romantische Zweierbezeiehung gehen wir im Kapitel «Wie war's» genauer ein.

schiedenen Definitionen der Monogamie, da stimmt uns Fisher zu (Fisher 2007, S. 10). «Monogamie und Treue sind also keine Synonyme. Ehebruch geht sogar oft mit der Monogamie Hand in Hand [...]» (Fisher 2007, S. 10). Monogamie steht dennoch im Gegensatz zu Polygamie. «Doch abgesehen von der Möglichkeit zu (nicht gleichwertigen) nebenehelichen Beziehungen gibt es auch Gesellschaften, in denen Polygamie akzeptiert ist» (Schenk 1987, S. 20).

Polygamie wird im «Schülerduden Psychologie – Ein Lexikon zum Grundwissen der Psychologie» folgendermaßen definiert: «Polygamie: Form der Partnerbeziehung, bei der ein Geschlechtspartner zugleich mit mehreren Partnern des anderen Geschlechts verbunden ist. – Ggs: Monogamie»[11] (Brockhaus 2002). Wenn wir die diskriminierende Schreibweise (siehe Fußnote) beiseitelassen, könnte mit dieser Definition auch Polyamory gemeint sein. Da Polygamie im allgemeinen Sprachgebrauch aber häufig mit Betrügen und Promiskuität assoziiert wird, bezeichnen sich nur sehr wenige polyamorös lebende Menschen als polygam.[12] Polygamie ist also nicht gleich Polyamory.

Wir benutzen die Begriffe Polygamie und Monogamie, weil sie unabhängig vom Geschlecht gebraucht werden können, oder sagen wir könnten, sobald der Bezug zur Ehe aufgehoben wird.

Versuchen wir, uns auf Ehe zu beziehen, dann fallen darunter verschiedene Formen der «Ehe», die sich aber kultu-

11 In diesem Fall verzichten wir bewusst auf den _ um deutlich zu machen, dass das heilige Sakrament der christlichen Ehe ausschließlich für Männer und Frauen in heterosexueller Ehe vorgesehen war, wobei beide Geschlechter klar und deutlich voneinander unterschieden werden und in traditionellen Geschlechterrollen leben sollten.

12 Wir haben uns für diese (leider) aktuelle Definitionen entschieden, um den normativen Charakter der Sprache im Allgemeinen Diskurs zu verdeutlichen. So findet schwul/lesbisches, bisexuelles, aber auch pansexuelles Begehren keine grundsätzliche Berücksichtigung in Wortdefinitionen. Durch die Reproduktion dieser Definition in Lexika wird die Norm der Heterosexualität weiter gefestigt. Unabhängig von der Mononormativität fällt auch bei dieser Definition die männliche Formulierung auf.

rell, ethisch und/oder gesetzlich von dem Konzept der Polyamory unterscheiden. Da hier die Grundlage wieder einmal das Zweigeschlechtersystem ist, können wir es nun so richtig kompliziert machen und nach Herzenslust kategorisieren. Fisher (1993, S. 77) ist uns dabei gern behilflich: «Nun, Männer wie Frauen haben zwei Möglichkeiten, die sich auf sehr einfache Weise, nämlich durch Zählen, unterscheiden lassen.»

Männer haben die Möglichkeit der Polygynie und der Monogynie:

- Polygynie: Vielweiberei, bei der ein Mann mit mehreren Frauen verheiratet ist. Die Polygynie ist in islamischen Ländern auch heute noch gestattet, jedoch können sie sich nur sehr vermögende Männer leisten (Schenk 1987, S. 20). Ein Blick in islamische Gesellschaften scheint sich in Bezug auf Polygynie etabliert zu haben, da uns dieser Vergleich häufig begegnet. In Afrika (z.B. in Kamerun) bietet die Polygynie aber auch vor allem in christlichen Gesellschaften eine Existenzgrundlage, was hierzulande aber anscheinend nicht gern als Norm reproduziert wird. Die Polygynie ist dabei in vielen Regionen weiter verbreitet als die Monogamie.
- Bei der Monogynie (Einweiberei) kann sich ein Mann jeweils nur mit einer Frau verbinden. Die Frau muss dabei nicht gleichzeitig mit nur einem Mann verbunden sein. (Griechisch monos, «ein» und gyne, «Frau»).

Frauen haben theoretisch die gleichen beiden Möglichkeiten: Polyandrie und Monoandrie:

- Bei der Polyandrie (Vielmännerei) ist eine Frau mit mehreren Männern verheiratet. Theoretisch, denn die Polyandrie scheint seltener gewesen zu sein. Doch auch sie hat es in matrilinearen Kulturen gegeben. In Afrika und Zentralasien existieren vereinzelt Ethnien, in denen Polyandrie gelebt wird, auf die wir auch noch weiter eingehen werden.
- Die Monoandrie (Einmännerei) bedeutet somit, dass Frau nur mit einem einzigen Mann verheiratet ist. Vermutlich schließt dies auch die sexuelle Treue und voreheliche Unberührtheit der Frau mit ein.

Helen Fisher, die gerne die Belege für ihre Theorien im Tierreich sucht, musste selbst beim nordamerikanischen Rotschulstärling – der als Vertreter der Monoandrie galt – feststellen, dass die Weibchen «trotz Monoandrie ihren Partnern sexuell nicht treu gewesen» waren (S. 78). Doch verlassen wir das Tierreich, in dem es auch für die schillerndsten Formen der Beziehung Bespiele gibt.

Zu erwähnen wären noch zwei weitere, spannende Formen der Ehe, die von der monogamen Einehe abweichen: Die Bigamie: zwei gleichzeitige Ehen und die Polygynandrie: Gruppenehe, bei der mehrere Männer und Frauen miteinander verheiratet sind.

Durch steigende Scheidungsraten und ein vermehrtes Auftreten von kurzzeitigen, nicht auf «ein Leben lang» angelegte Partnerschaften, die sich dann in einer «Serie» anderer Partnerschaften fortsetzen, wurde der Begriff der Monogamie in den letzten Jahren von dem Begriff «serielle Monogamie» abgelöst. Serielle Monogamie bezeichnet damit ein monogames Verhalten der/dem jeweiligen aktuellen Partner_In gegenüber.

Nicht monogam zu leben bedeutete bis etwa in die 1970er Jahre im Allgemeinen, mehr als einmal im Leben verheiratet gewesen zu sein. Heutzutage bedeutet Nicht-Monogamie überwiegend mit mehr als einem Menschen zur selben Zeit eine sexuelle Beziehung zu führen. Wir verwenden den Begriff Nicht-Monogamie wie Bauer und Pieper, nämlich als «allgemein[e] Beziehungspraxen, in denen Menschen mit mehr als einem Gegenüber zu einem gegebenen Zeitpunkt Sexualität leben, BDSM[13] praktizieren und/

13 BDSM steht als Oberbegriff für eine vielfältige Gruppe meist sexueller Vorlieben, Verhaltens- und Lebensweisen. Er fasst die Begriffe Bondage & Discipline, Dominance & Submission, Sadism & Masochism als Akronym zusammen. BDSM beschreibt dabei nicht die klischeebesetzte Vorliebe für Materialien, Dinge oder bestimmte Körperteile, sondern den Genuss von Macht, Dominanz, Demut und Fesselungs- oder Erziehungsspielen, auf Grundlage der Regel *SSC Safe, Sane and Consensual* (sicher, mit gesundem Menschenverstand und einvernehmlich), die den Grundsätzen der Polyamory ähnlich ist. Umgangssprachlich wird BDSM oft auch als SM, Sado-Maso oder Sadomasochismus bezeichnet und weckt damit häufig

oder Beziehungen leben. Wie Sexualität, BDSM-Praktiken und Beziehungen definiert werden, bleibt den Beteiligten überlassen» (Bauer/Pieper 2005, S. 62). Für diese Definition von Nicht-Monogamie ist es nicht wichtig, ob die Partner_Innen gesetzlich oder geistig-spirituell verheiratet sind oder in welcher Form sie sexuell interagieren. Wenn wir von Nicht-Monogamie schreiben, meinen wir alle Liebes- und/oder Sexualbeziehungen, die nicht auf zwei Personen eingegrenzt sind.

Mit nicht-monogam können in manchen Kontexten auch Menschen gemeint sein, die zölibatär, also ganz ohne Sexualpartner_In(nen) leben. Polyamory ist ein so postmoderner Begriff, dass sich auch die Klarstellungen, was Polyamory nicht oder nicht nur ist, zu einem Stapel von Abgrenzungen und Einschlüssen entwickelt. Daher können wir nur einen groben Rahmen benennen in dem sich polyamoröse Beziehungen bewegen. Darüber hinaus wurden neben Polyamory im Laufe der letzten Jahre auch andere Begriffe verwendet, um verantwortliche nicht-monogame Formen der Liebesverhältnisse zu beschreiben. So gab es z.B. die Begriffe Polyfidelity, offene Ehe, offene Beziehung, Gruppen-Ehe, intimes Netzwerk, Triade, nicht-exklusive Beziehung oder intime Freundschaft.

Polyamory kann all das bedeuten und beinhaltet all diese Bezeichnungen und Beziehungskonstellationen (Anapol 1997, S. 6, Munson und Stelboum 1999, Introduction). Als polyamorös können außerdem Beziehungen bezeichnet werden, die aktuell monogam gelebt werden, aber diese Exklusivität nicht für immer beanspruchen. Polyamory beinhaltet potenziell ein unendlich weites Spektrum an Beziehungsformen und sexuellen Praktiken und spricht damit Menschen unterschiedlicher sexueller Identität an.

«Nicht alle sind jedoch dazu bereit, den Begriff Polyamory auf die volle Bandbreite nicht-monogamer Beziehungs-

---

Klischees von Lederklamotten und Fetischen. Ursprünglich war der Begriff Sadomasochismus von Richard von Krafft-Ebing in seiner «Psychopathia sexualis» als pathologisch geprägt. Er setzte das aus den Begriffen Sadismus (nach dem Philosophen Marquis de Sade) und Masochismus (nach dem Autor Leopold von Sacher-Masoch) zusammen. (Passig/Strübel).

formen anzuwenden. Für viele ist Polyamory weit mehr als eine positive Alternative zu dem Wort ‹Nicht-Monogamie›, das sich ja über eine Verneinung definiert. Viele sehen in Polyamory eine ausgeprägt ethische Form der Nicht-Monogamie» (Klesse 2005, S. 125). Lano und Parry verwenden Polyamory als einen Überbegriff für alle Formen einer verantwortlichen Nicht-Monogamie. «‹Verantwortliche Nicht-Monogamie› ist dann gegeben», argumentieren sie, «wenn alle PartnerInnen sich des nicht-monogamen Charakters der Beziehung bewusst sind und Einigkeit darüber bestehe» (Lano/Parry 1995, zitiert nach Klesse 2005, S. 125). Polyamorösen Beziehungen ist nach Anapols Definition (1997, S. 6) immer gemeinsam, dass sie grundsätzlich Liebes- und Sexualbeziehungen sind:

«Eine Sache, die allen diesen Arten von Beziehung gemein ist, ist dass sie beide sowohl sexuell als auch liebend oder sexuell-liebend sind ohne Trennung zwischen Sex und Liebe. Mit anderen Worten: Wir sprechen nicht über flüchtigen, willkürlichen Sport-Sex.»

Liebe spielt in vielen Publikationen zum Thema Polyamory eine zentrale Rolle. So bekennen sich auch christliche Gruppen zu diesem Konzept und sehen in Polyamory eine Möglichkeit, das Gebot der Nächstenliebe zu realisieren.[14] Viele polyamorös liebende Menschen begrüßen laut Klesse (2005, S. 125f.) die Nicht-Betonung von Sexualität in dem Ausdruck Polyamory. «Die Betonung von Liebe in Polyamory geht [also] oft mit einem Herunterspielen von Sexualität als einem wichtigen Bestandteil entweder der Identität oder Beziehungspraxis einher.» Das finden wir auch bei Anapol (1997, S. 11): «[Polyamory] ist nicht einfach Sex um des Sex willen, sondern ein Ausdruck von Herz und Seele.»

So beziehen sich diese Polyamoristen auf eine gesellschaftliche Norm, die Sexualität durch Liebe rechtfertigt und gesellschaftlich höher bewertet als Sex, der aus Freude am Sex ohne romantische Liebe entsteht.

14 Bisher haben wir, in der von uns untersuchten Literatur zum Thema Polyamory nur in Romeo (2005, S. 87) die (Selbst-)Bezeichnung polygam gefunden.

Polyamory erweckt in manchen Veröffentlichungen den Eindruck, etwas völlig anderes als Nicht-Monogamie zu sein, indem sich die Repräsentant_Innen von rein sexuellem Verhalten distanzieren. Spontaner oder Gelegenheitssex und Swinging sind aus der Sicht einiger Aktivist_Innen Formen der Nicht-Monogamie, aber nicht der Polyamory (Klesse 2005, S. 126). Anapol schreibt zu dem Thema Swinging (1997, S. 12): «Oberflächlich betrachtet scheinen Polyamorie und Partnertausch (‹swingen›) dasselbe zu sein. Zugegebenermaßen gibt es hier Überschneidungen. [...] Swingen bietet ein Maximum an sexuellen Erfahrungen mit minimalen emotionalen Verstrickungen. In der Tat machen es sich viele Swinger-Paare zur Regel, sich nicht in seine Swinger-PartnerInnen zu verlieben. Dementsprechend betrachte ich swingen als ein Hybrid: monogam in der Dimension der Liebe, während es bestimmte nicht-monogame sexuelle Erfahrungen zulässt.»

Diese Abgrenzung beschreibt die starke Tendenz in der Polyamory-Bewegung, Sex ohne Liebe als nicht polyamorös (ab)zuwerten. Das Ideal der romantischen Liebe prägt auch hier den Diskurs, und die Zusammengehörigkeit von Intimität und Sexualität wird als Norm übernommen. Ein anderer Grund, der hinter dieser Grenzziehung zwischen «echter» Polyamory und «Nicht-Polyamory» stecken könnte, ist eine Stellungnahme, die Promiskuitätsvorwürfen ausweicht. Polys scheinen automatisch als promisk zu gelten, sobald sie sich als nicht-monogam outen (Anapol 1997, Easton/Liszt 1997, Munson/Stelboum 1999). Promiskuität beschreibt das Verhalten von Menschen, die ihre (Sexual-)Beziehungen eher kurzfristig auslegen. Promisken Menschen wird vorgeworfen, sie würden häufig die Geschlechtspartner_Innen wechseln, ohne dass dabei «häufig» oder «kurzfristig» genauer definiert werden. Auch hier kommt wieder die Norm der «auf Langfristigkeit angelegten monogamen, romantischen Zweierbeziehung» zum Tragen. Der Begriff Promiskuität wird in der Regel (ab)wertend und in Zusammenhang mit sexuell übertragbaren Krankheiten (STIs[15]) und patholo-

15 Sexual Transmitted Infections.

gischen Persönlichkeitsstörungen gebraucht.[16] Seit Ende des letzten Jahrhunderts wird promiskes Verhalten nicht mehr staatlich sanktioniert, gesellschaftlich wird es aber nach wie vor durch Abwertung und mit Missbilligung bestraft. «‹Promiskuität›, das bedeutet, wir haben zu viele Sexualpartner. Allein dies Wort hat möglicherweise mehr unglückliche Schlampen geschaffen als irgendein anderes.» (Easton/Liszt 1997, S. 25).

4.3 Eifer_sucht?

Folgen wir den Alltagsgesprächen, die sich bei der Diskussion um das Thema Polyamory entwickeln, so dreht sich schnell das Thema um den Komplex Eifersucht. So verwundert es nicht, dass Eifersucht eine große Rolle in den Ratgebern und Sammelbänden zur Polyamory spielt (Anapol (1997), Easton/Liszt (1997), Munson/Stelboum (1999), Méritt et al. (2005). Dossie Easton nahm aus dem gleichen Grunde die Neuauflage ihrer «Ethical Slut» 2009 zum Anlass, das Buch vor allem zum Thema Eifersucht stark zu erweitern. Eifersucht wird in Diskussionen immer wieder zu einem zentralen Thema. Sie ist mit der häufigste Grund, sich gegen eine polyamoröse Lebensweise zu entscheiden. Häufig geschieht dies im Vorfeld einer polyamorösen Beziehung aus Angst, diese Beziehung könnte durch Eifersuchtsgefühle gekennzeichnet sein. Auch andere Autor_Innen und Aktivist_Innen beschreiben in ihren Büchern, dass sie häufig auf das Gefühl der Eifersucht angesprochen werden, wenn sie sich als nicht-monogam outen. Sie werden mit der Annahme konfrontiert, dass Eifersucht das Problem in nicht-monogamen Partnerschaften ist. Außerdem scheint es die Annahme zu geben, dass Eifersucht ein Ausdruck der Liebe ist. Viele monogam lebende Menschen erleben ein possessives Element in ihrer Beziehung als Stärkung des Zusammengehörigkeitsgefühls und Eifersucht als etwas Natürliches, ein Gefühl, das

16 Z.B.: Die Gruppierung «Liberated Christians»: http://www.libchrist.com (zuletzt besucht am 30.04.2008).

durch Liebe bedingt ist und gegen das nichts getan werden kann oder sollte. Fehlende Eifersucht bzw. fehlender Besitzanspruch kann dann sogar zu Zweifeln an der «wahren Liebe» führen. Eifersucht dient also als Indikator für eine echte, funktionierende (gesunde) Partner_Innenschaft.

Poly-Aktivist_Innen und Autor_Innen vermuten dagegen einstimmig, dass Eifersucht eine gesellschaftliche Programmierung ist, eine erlernte Reaktion, begründet in einer «Programmierung auf Mononormativität». Die Schlussfolgerung daraus wäre, dass gelernte Verhaltensweisen wieder verlernt werden können.

Anapol (1997) benutzt das Wort Eifersucht metaphorisch und versucht dieses Gefühl mit Hilfe von Bildern greifbar zu machen. So bezeichnet sie Eifersucht als Pförtner. «Wenn wir Polyamorie als einen Weg zu psychologischem und spirituellem Wachstum anerkennen, dann ist die Eifersucht der Pförtner auf diesem Weg, denn keiner kommt daran vorbei, der sich weigert, sich mit diesem mächtigen Zwang zu konfrontieren.» (Anapol 1997, S. 49). An einigen Stellen vergleicht Anapol Eifersucht auch mit dem Bild der Lehrerin. Eifersucht wird so zu einer Person, mit der ein lehrreicher Kontakt möglich ist. «Wenn Eifersucht an Deine Schulter klopft, muss Deine erste Antwort immer sein, sie anzuerkennen und ihr für diese Wachstumsgelegenheit zu danken.» (Anapol 1997, S. 57).

Eifersucht wird in der Polyamory-Bewegung häufig als etwas Positives gesehen, das mehr mit der/dem Eifersüchtigen selbst zu tun hat als mit der/dem Partner_In. Anapol unterscheidet zwischen verschiedenen Formen der Eifersucht. Alle haben ihrer Meinung nach aber eines gemeinsam: «Eine Botschaft, die die Eifersucht immer mitbringt, ist, sich daran zu erinnern, sich selbst zu lieben.» (Anapol 1997, S. 59). Anapol nähert sich dem positiven Umgang mit Eifersucht nicht nur einseitig, aus der Sicht des/der Eifersüchtigen. Sie gibt auch Tipps im Umgang mit einer/einem eifersüchtigen Partner_In.

Easton und Liszt begegnen dem Gefühl der Eifersucht hermeneutisch. Sie gehen davon aus, dass Menschen, wenn sie ihre Gefühle verstehen, sie diese Gefühle auch beeinflussen können. Sie stellen Möglichkeiten vor, die Ursachen der Eifersucht zu ergründen. Für sie ist Eifersucht nicht ein Gefühl, sondern eine Mischung mehrerer Aspekte, die einzeln betrachtet einfacher zu handhaben sind.

Indem Poly-Aktivist_Innen Eifersucht nicht als gegeben hinnehmen, sondern mit ihr arbeiten und an ihr wachsen, wird Eifersucht zu einem wichtigen Element, durch welches alle Beteiligten von dem/der AndereN lernen können. Eifersucht kann somit zu einem stärkenden Gefühl werden, das Loslassen und dabei Verantwortung für sich und die Anderen (vielleicht) erst möglich macht.

Emotionen in der Sprache der Polyamory – Frubbly und Wibbly

Ani Ritchie und Meg Barker (2006) befassen sich in ihrer Forschung mit der Sprache der Polyamory-Bewegung. «In polyamorösen Zusammenhängen forschen wir nach alternativen Formulierungen, um neue Erfahrungen zu ermöglichen, wie auch um Geschlechtergeschichten zu erzählen» (S. 585). Die Wichtigkeit der Sprache wird vor allem dann deutlich, wenn Worte fehlen, wenn es keine Worte gibt, die ausdrücken «was ich gerade fühle». Die Konsensfähigkeit und eine offene Kommunikation sind Werte, die zu den Grundvoraussetzungen polyamoröser Lebensformen gehören. «Die Produktion konsensfähiger Bedeutungen bedarf einer Einflussnahme auf die sinngebende Verknüpfung verschiedenster kultureller, sozialer und politischer Elemente», so Klesse (2007b, S. 192). «Die Möglichkeit oder Unmöglichkeit einer Artikulation bestimmter kultureller oder diskursiver Formationen ist dabei immer ein Ausdruck der gegebenen, d.h. historisch spezifischen, gesellschaftlichen Beziehungen und Kräfteverhältnisse.» So spricht Klesse auf die Machtverhältnisse einer Gesellschaft an, die in Diskursen sichtbar werden. In Anlehnung an Michel Foucault (1983, S. 32 ff.) ist der Diskurs die Macht, für die und mit der gekämpft wird. In seiner Vielschichtigkeit ist der Diskurs ein Sowohl-als-auch aus bewahrenden und verändernden Kräften. Von sprachlichen Ausschlüssen sind vor allem nicht-normative Bewegungen wie die der Polyamory betroffen. Zur Sprache der Sexualität und den normativen Ausschlüssen schreibt Weeks (1986) mehr. Aus der polyamorösen «Liebe ohne Worte» entwickelten sich kreative Wortschöpfungen.

Zum einen entstand aus dieser Sprachlosigkeit, wie bereits dargestellt, das Wort Polyamory als Bezeichnung für eine Form der Nicht-Monogamie, die sich über eine Verneinung und den Bezug auf die (kritisierte) Norm definierte, bis der Begriff der Polyamory den Diskurs dominierte. Mit der Bezeichnung Polyamory entstand eine neue Identitätskategorie. Die Mehrheit der Aktivist_Innen, die sich positiv auf Polyamory beziehen, nutzten den Begriff, um auszudrücken, was sie sind, nicht was sie tun.

Auf zwei weitere Wortschöpfungen möchten wir hier beispielhaft eingehen. Sie sind uns, in etablierter Form, nur aus dem englischsprachigen Raum bekannt und werden von manchen auch im deutschsprachigen Raum so genutzt. Diese Beispiele beschreiben Gefühle. Dahinter steht der Versuch, Emotionen zu artikulieren, die sehr häufig in der Alltagssprache negativ assoziiert werden und die mit Hilfe neuer Begriffe vorerst unbewertet zugelassen werden sollen. Die Emotion, um die es geht, ist die populäre Eifersucht. «Einige Personen in den polyamorösen Gemeinschaften, in denen wir recherchiert haben, haben die Sprache der Eifersucht neu geschrieben, um neue Erfahrungen der Emotionen zu ermöglichen» (Ritchie/Barker 2006, S. 594). Eifersucht wird im Sprachgebrauch einer monogam orientierten Gesellschaft, wie oben bereits erläutert, häufig negativ oder positiv besitzanzeigend konnotiert. Innerhalb der polyamorösen Bewegung sind diese Konnotationen unpassend und drücken nicht die gemeinte Emotion aus. Um die in der polyamorösen Gemeinschaft assoziierten Bedeutungen von Eifersucht deutlich zu machen, entwickelten sich diese beiden Begriffe. Wo genau ihre etymologischen Ursprünge liegen, kann nur gemutmaßt werden:

Frubbly/Frubbelig: Frubbelig sein (wie es in der deutschen Polyamory Bewegung übernommen wurde, vielleicht weil es ein bisschen wie die Mischung aus froh und hibbelig klingt) bezeichnet das Gegenteil von Eifersucht. (Das Gegenteil von

Eifersucht wurde auch Kompersion genannt. Dieses Wort wird in der Poly-Szene aber nicht gut angenommen. Ritchie/Barker 2006, S. 595). Frubbelig beschreibt die Freude, die ein Mensch dabei empfindet, wenn ein Er von seiner Partner_Innen Liebe zu anderen Menschen erfährt. Frubbelig ist die Freude an der Freude der/des Anderen. «Das Gefühl, Freude daran zu haben, dass andere, die du liebst sich auch lieben, genauer gesagt, Freude an dem Wissen zu empfinden, dass andere die du liebst sich ihrer Liebe zueinander bekennen» (Ritchie/Barker 2006, S. 595).

WibblyWibbly/wibble: Wibbly beschreibt das Gefühl der Unsicherheit, wenn einE Partner_In (neue) weitere Beziehungen führt. «Als Wibble wird das Gefühl bezeichnet, wenn ein Partner einen neuen Partner findet und in dieser Situation von einem anderen Partner dafür Rückendeckung bekommt.»[17]

In dem Moment, in dem Sprache hier genutzt wird, um etwas zu beschreiben, wird gleichzeitig eine neue Kategorie konstruiert. Durch dieses sprachliche Konstrukt wird der Begriff eingegrenzt. Automatisch entstehen dadurch auch Ausgrenzungen und Bewertungen (Ritchie/Barker 2006).

Die Freude über neue «Vokabeln» wird bei folgendem Gästebucheintrag in dem Internet-Blog «freies lieben» im Internet deutlich. Er zeigt allerdings auch, wie Sprachlosigkeit und die Erwartung «sich ständig erklären zu müssen» die Freude trüben kann.

Kommentare
bubbles [24.11.2005, 2:52]
«Juchuu!
Wieder ein paar neue Vokabeln. Einerseits gut, schließlich ist es manchmal einfacher, mit Begriffen/Konstrukten zu argumentieren als diese immer wieder neu zu erklären/zu definieren.

---

17 freies lieben: Eintrag vom 24.11.2005 «Kompersion macht dich frubbelig!» http://freieslieben.de/?m=200511 (Archiv November 2005) (Letzter Zugriff am 09.01.2010).

Andererseits: Ob uns Leute, die noch nie was von der «Materie» gehört haben irgendwann überhaupt noch verstehen ;-)»

4.4 Werte und Grundsätze der Polyamory

Polyamory wird in der Literatur auch als *verantwortungsvolle* Nicht-Monogamie oder *ethische* Nicht-Monogamie bezeichnet.[18] Unabhängig davon, ob sich polyamorös lebende Menschen nun von promisken Verhaltensweisen abgrenzen oder nicht, herrscht größtenteils Einigkeit über die Werte und Grundsätze der Polyamory. «Der besonders ethische Charakter von Polyamory wird mit der zentralen Bedeutung von Liebe, Intimität, Verbindlichkeit, Konsens und Ehrlichkeit in polyamouröser Beziehungspraxis begründet», so Klesse (2005, S. 126).

Anapol (1997) weist darauf hin, dass zunächst einmal eine verantwortungsvolle Beziehung eine verantwortungsvolle Beziehung ist, egal ob sie monogam gelebt wird oder nicht. Mit nur einem/einer Partner_In kann es allerdings leichter passieren, dass ein Paar unbewusst über größere Unklarheiten hinweggeht oder sie nicht wahrnimmt. In einer polyamorösen bzw. einer verantwortungsbewussten nicht-monogamen Beziehung ist es von großer Bedeutung, die Beziehung bewusst zu gestalten, zu verfeinern und auszuhandeln. Dies begründet Anapol damit, dass polyamoröse Beziehungen zum einen sehr komplex sind und zum anderen die meisten Polys mangelnde Erfahrung und Vorstellungen in der Anwendung von (familiären) Regeln in diesem neuen Kontext haben (Anapol 1997, S. 13). Polyamory stellt eine große Herausforderung an gesellschaftliche Konditionierungen dar und kann ohne Zweifel sehr große Unsicherheiten auslösen. An folgenden Werten wird der *verantwortungsvolle* Charakter einer Beziehung in den von uns verwendeten Ratgebern und Sammelbänden festgemacht. Dem stimmen auch die wissenschaftlichen Untersu-

18 Anapol (1997),Méritt et al. (2005), Klesse (2007), Easton/Liszt (1997), Munson/Stelboum (1999).

chungen, die Einfluss auf unsere Definition von Polyamory genommen haben, zu. (s. vor allem Klesse (2007), Haritaworn et al. (2006)).

Konsens

Eine der wichtigsten Voraussetzungen einer verantwortungsbewussten, ethischen bzw. moralischen Beziehungsform ist, dass alle involvierten Personen mit allen Bedingungen und Voraussetzungen einverstanden sind und sich aus eigenem Willen darauf einlassen. Anapol vergleicht hierbei monogame mit polyamorösen Beziehungen in Bezug auf Konsensfindung und stellt Folgendes fest:

«Bei Monogamie ist es relativ einfach: beide Partner geben alle anderen auf. Bei Polyamorie muss man entscheiden, wann und wie und inwieweit mehrere Partner einbezogen werden. Ebenso einfach ist es im alten Paradigma. Man stellt Regeln auf und man hat Strafen für das Brechen dieser Regeln. Im neuen Paradigma ist es noch einfacher: man erlaubt alles, was dazu führt, sich selber besser zu verstehen. [...] Du wirst feststellen, dass Polyamorie viel Ähnlichkeit mit Demokratie hat: es funktioniert am besten mit gebildeten und engagierten Bürgern.» (1997, S. 14)

Ehrlichkeit

Vertrauenswürdigkeit und Zuverlässigkeit sind zwei wichtige Aspekte eines verantwortungsbewusst lebenden Menschen. Besonders in Partnerschaften, die nicht die vermeintliche Sicherheit von sexueller Treue bieten, ist daher Ehrlichkeit Grundvoraussetzung. Auch in einer polyamorösen Beziehung kann es zu Ängsten und Eifersucht kommen. Absolut ehrlich zu sich selbst und zu den beteiligten Personen zu sein, bietet die Möglichkeit, offen über alle Gefühle sprechen zu können. Ehrlichkeit, darin sind sich alle Autor_Innen und Forscher_Innen im Bereich Polyamory einig, ist mit der Konsensfindung der zentrale Ausgangspunkt zur Polyamory bzw. einer verantwortungsvollen Nicht-Monogamie. Dafür gelten die Regeln offener und ehrlicher Kommunikation. Laura Méritt spricht in diesem Zusammenhang von der «Sprache der Bedürfnisse» und verweist, wie andere, auf die Regeln der «gewaltfreien Kommunikation» nach Marshall B. Rosenberg. Das *Poly Mantra* der Polyamory Society lautet (dementsprechend): «Kommuniziere, kommuniziere, kommuniziere und dann kommuniziere noch mehr» (polyamorysociety 2009).

Wer lügt oder Informationen bewusst vor den anderen Partner_Innen zurückhält, nimmt damit dem oder der Anderen die Möglichkeit, Verantwortung zu übernehmen und Entscheidungen zu treffen. Eine Konsensfindung aus freiem Willen ist somit nicht möglich.

Gegenseitiger verantwortungsvoller Umgang

In polyamorösen Beziehungen ist es von besonderer Bedeutung, dass alle Beteiligten sich wohl und geborgen fühlen. In einer Atmosphäre, in der ein verantwortungsvoller Umgang miteinander gewährleistet ist, kann offen und ehrlich miteinander über Gefühle, Probleme, Ängste und Bedürfnisse gesprochen werden. Erst dadurch entsteht eine Verhandlungsbasis. Egal ob in Primär-, Sekundär- oder Tertiär-Partner_Innenschaft verbunden, sollten sich polyamorös liebende (wie eigentlich alle liebenden) Menschen mit sehr viel Respekt begegnen und einen liebevollen Umgang miteinander pflegen. Diese Fürsorge gilt hierbei aber auch Menschen, die nicht bzw. nicht mehr Teil der Partner_Innenschaft sind. Wertschätzung und Verantwortung enden somit nicht mit einer Trennung. Gegenseitiger verantwortungsvoller Umgang bedeutet im polyamorösen Zusammenhang auch, dass alle Beteiligten für die Gesundheit der Anderen verantwortlich sind. Verhütung sowohl von STIs als auch von ungewollten Schwangerschaften ist dabei eine gegenseitige Aufgabe.

Integrität

Integrität oder persönliche Integrität ist ein sehr komplexer Begriff. Eine für uns annehmbare Definition ist: «Persönliche Integrität ist die fortwährend aufrechterhaltene Übereinstimmung des persönlichen, an einer humanistischen Ethik ausgerichteten Wertesystems mit dem eigenen Handeln. Gesellschaftlich deuten folgende Eigenschaften auf eine integere Persönlichkeit hin: Aufrichtigkeit, Humanismus, Gerechtigkeitsstreben, Vertrauenswürdigkeit, Zivilcourage. Ein integerer Mensch lebt in dem Bewusstsein, dass sich seine persönlichen Überzeugungen, Maßstäbe und Wertvorstellungen in seinem Verhalten ausdrücken. Persönliche Integrität ist als Treue zu sich selbst umschrieben worden. Das Gegenteil von integer ist korrumpierbar, also sich in seinem Verhalten nicht von inneren Werten und Prinzipien, sondern von äußeren Drohungen und Verlockungen leiten zu lassen» (wikipedia_3).

Integrität wird von polyamorös lebenden Menschen insofern gefordert, als dass sie fähig sein müssen, Versprechen einzuhalten und Verpflichtungen zu übernehmen. Integrität setzt ein hohes Maß an Selbsterkenntnis und Selbstakzeptanz voraus. Eine integere Persönlichkeit kann eigene Grenzen und Bedürfnisse erkennen und ausdrücken. In polyamorösen Beziehungen bedeutet Integrität außerdem, dass Vereinbarungen, die mit einer Person getroffen werden und vielleicht sogar noch mindestens eineN weitereN Partner_In mit einbeziehen, nicht ohne das Einverständnis aller getroffen werden sollten.

Achtung vor individuellen Grenzen

In diesem Zusammenhang bedeutet die Achtung vor individuellen Grenzen vor allen Dingen, dass alle Beteiligten als Subjekte respektiert werden müssen. Während viele Menschen es schwierig finden, in einer Zweierbeziehung ein eigenes «Selbst» zu finden und zu bleiben, kann das Auflösen der Persönlichkeit und der eigenen Wünsche in einer Gruppe noch sehr viel erschreckender sein. Eine polyamoröse Gruppe sollte fähig sein, unterschiedliche Meinungen und Ansichten zu akzeptieren, sonst läuft sie Gefahr, eine Art «Sekte» oder eine sehr autoritäre Familie zu werden, in der einzelne Personen, Vorlieben, Bedürfnisse und Ansichten untergehen und vereinheitlicht werden.

4.5 *Formen und Beziehungskonstellationen der Polyamory*

Polyamory kann in unterschiedlichen Formen und Konstellationen gelebt werden. Dabei wird in der Literatur zwischen drei grundlegenden Formen der Beziehung unterschieden (Anapol 1997, S. 7–11, Méritt et al. 2005, S. 59–69, 123–130).

Grundsätzliche Formen

Im Englischen wird zwischen primary relationship, secondary relationship und tertiary relationship unterschieden. Wir beschränken uns hier auf eine Übersetzung in Primär-, Sekundär- und Tertiärbeziehungen, die wir trotz der begrifflichen Hierarchien gleichwertig betrachten. Eine Unterscheidung findet aufgrund der Anzahl der Beteiligten statt und sagt nichts über die Wertigkeit der Beziehungen aus, wie es etwa Lee in seiner Einteilung in «Primaries» und «Secondaries» bei den Liebesstilen formuliert (Lee, 1976). Eine qualitative Bewertung der Beziehung bleibt damit ausschließlich den beteiligten Personen überlassen.

- Primärbeziehung(en):
  Primär-Partner_Innen leben in einer verbindlichen Langzeit-, ehe-(ähnlichen) Intim-Beziehung miteinander. In der Regel wohnen sie zusammen und teilen ihre Finanzen und Elternschaft und treffen Entscheidungen gemeinsam.
  «In Mehrfach-Primärbeziehungen hingegen gehen drei oder mehr Menschen eine intime und verbindliche Bindung ein, in der idealerweise alle PartnerInnen das gleiche Mitbestimmungsrecht bei Absprachen besitzen. Das bedeutet nicht, dass diese Beziehungen symmetrisch sind, sondern vielmehr, dass grundsätzlich alle Beteiligten ihre Bedürfnisse ‹gleichberechtigt› miteinander aushandeln und keine Beziehung von vornherein privilegiert ist. Dennoch können die diversen Beziehungen hinsichtlich der Häufigkeit, Dauer und Art gemeinsamer Aktivitäten sehr unterschiedlich gestaltet werden» (Pieper/Bauer 2005, S. 63).

- **Sekundärbeziehung(en)**
  Sekundär-Partner_Innen können ebenfalls eine intime, verbindliche und lang andauernde Liebesbeziehung haben. Doch leben sie für gewöhnlich in getrennten Wohnungen, trennen ihre Finanzen voneinander und verbinden miteinander eher Freundschaften als Wahlverwandtschaft. Sekundär-Partner_Innen können allerdings auch eine Rolle in der Familie der Partner_In(nen) spielen, ähnlich der Rolle als Tante oder Onkel.
- **Tertiärbeziehung(en)**
  Menschen in sogenannten tertiären Beziehungen verbringen nur hin und wieder Zeit miteinander und dann für einen eher kurzen, oft festgelegten Zeitraum. Der Kontakt kann sehr intim und nah sein, allerdings nehmen sie gegenseitig eher keine wichtige Rolle im alltäglichen Leben des/der Anderen ein.
  In polyamorösen Beziehungen können so viele Partner_Innen wie mögen, in jeglicher Kombination von Primär-, Sekundär und Tertiär-Partnerschaften ihre Beziehungen zueinander gestalten. Diese Vielfalt von unterschiedlichen Möglichkeiten, unterschiedlichen Dynamiken und unterschiedlichen Identitäten innerhalb der Beziehungsnetzwerke erzeugt automatisch ein anderes soziales Netzwerk als das der bekannten, in der monogamen Kultur verankerten Form der Familie. Wir möchten hier nur einige Formen der verantwortlichen Nicht-Monogamie beispielhaft beschreiben:
- **Kombinationen/Beziehungskonstellationen**
  Die im Folgenden dargestellten Kombinationen von Primär-, Sekundär-, Tertiär-Beziehungen sind nur eine Auswahl. Es gibt noch viele weitere Möglichkeiten, wie polyamoröse Beziehungen organisiert sein können. Diese Beispiele stellen die bekanntesten Kombinationen dar.
- **Offene Ehe und offene Beziehung**
  Beide Formen beschreiben nicht exklusive Paarbeziehungen. In solchen Partnerschaften oder Ehen sind beide Partner_Innen einverstanden, dass sie außerhalb der Beziehung bzw. Ehe unabhängig voneinander Sexualpartner_Innen haben dürfen. Es gibt eine große Vielfalt an

weiteren Rahmenbedingungen und Regeln, die die Partner_Innen darüber hinaus miteinander aushandeln (können). Häufig gibt es die Vereinbarung: Sex außerhalb der Ehe/Beziehung ja, Liebe nein (O'Neill 1974).

- **Liebes- oder intimes Netzwerk**
  In einem Liebesnetzwerk existieren viele Partnerschaften nebeneinander. Die einzelnen Beteiligten können sich in unterschiedlichen Konstellationen aufeinander einlassen. So können z.B. alle Gruppenmitglieder miteinander eine Liebesbeziehung eingehen. Oder nur manche von ihnen führen eine Liebesbeziehung und andere sind in Freundschaft verbunden oder haben z.B. nur zwei oder drei (Sexual)-Partner_Innen in der Gruppe. Das Netzwerk kann aus Singles bestehen, aus Paaren oder aus beidem oder anderen Konstellationen. Alle Kombinationen sind in einem solchen Netzwerk denkbar.
- **Gruppen-Ehen**
  Dies sind verbindliche, lang andauernde Primärbeziehungen, die aus drei oder mehr Erwachsenen in einer eheähnlichen Verbindung bestehen. Die Gruppen-Ehe kann geschlossen oder offen für andere Sexualpartner_Innen sein.
- **Polyfidelity/Haus**
  In dieser Lebensform haben drei oder mehr Primär-Partner_Innen beschlossen, eine familienähnliche Beziehungsform miteinander einzugehen. Weitere Partner_Innen können mit Einverständnis aller Beteiligten dazukommen. So entstehen ganze Gemeinschaften und teilweise autonome Gesellschaften.[19] Polyfidelity kann aber auch eine geschlossene Gemeinschaft bedeuten, die dies als eine Safer-Sex Strategie lebt (Easton/Liszt 1997, S. 42).
- **Triade**
  In einer Triade gehen drei Menschen eine Verbindung miteinander ein. Hierbei kann es sich sowohl um Primär- als auch um Sekundär- und Tertiärbeziehungen handeln. Die Triade kann offen oder geschlossen sein. Sie kann

19 z.B.: ZEGG: Zentrum für experimentelle Gesellschaftsgestaltung in der Nähe von Berlin: http://www.zegg.de/index.php?id=1,4,0,0,1,0 (Letzter Zugriff: 16.10.2009).

heterosexuell, homosexuell, bisexuell oder pansexuell[20] gestaltet werden.

- **Andere Bezeichnungen und Kombinationen**
  Auf einigen Internetseiten und in Polyamory-Diskussionsforen finden sich weitere kreative Möglichkeiten, die momentan gelebte Beziehungsstruktur zu verdeutlichen. So wird eine Struktur z.B. in Buchstaben oder geometrischen Formen ausgedrückt. Ein *V* oder *eine Triangel* steht dabei für einen Menschen mit zwei intimen Partner_Innen, die untereinander wiederum keine (intime, sexuelle) Beziehung führen. Führen alle drei eine intime und/oder sexuelle Beziehung miteinander, beschreibt dies ein Y oder ein Dreieck. Handelt es sich um vier Personen, die alle miteinander in Beziehung stehen, sprechen wir von einem Viereck oder, noch konkreter, von einem *durchkreuzten Viereck*. Bei mehr als vier Personen entsteht ein Kreis.
  Hat ein Mensch eine Beziehung zu jemand anderem, der auch wiederum eine Beziehung zu einem weiteren Menschen mit Beziehung führt, wird diese Viererkonstellation mit einem *N* beschrieben. Kommt eine weitere Person an eines der «offenen Enden» dazu, entsteht ein W. Dies zeigt nur beispielhaft, wie Polys vorhandene Buchstaben und andere Symbole nutzen, um eine Beziehungsform zu erklären, für die die heutige z.B. deutsche Sprache noch keine Wörter bietet.

---

20 Pansexualität ist eine Bezeichnung für die sexuelle Identität von Personen, die in ihrem Begehren keine Vorauswahl nach Geschlecht treffen. In Abgrenzung zum Begriff bisexuell, welcher durch die Vorsilbe «bi» die Norm der Zweigeschlechtlichkeit bestätigt, versucht das im Kontext der Queer Theory entstandene «pansexuell» die Begrenzung auf zwei Geschlechter zu überschreiten; der Begriff leitet sich von der griechischen Vorsilbe *pan* (gesamt, umfassend, alles) ab. Beispielsweise kann sich eine Person als pansexuell verstehen, die neben Männern und Frauen auch ein sexuelles Interesse an Trans- oder Intersexuellen zeigt.
Im englischsprachigen Kontext wird auch der Alternativbegriff Pansensual verwendet. Dieser Begriff bezieht sich allgemeiner auf die Gefühle der Beteiligten, als nur auf die sexuelle Ausrichtung der Personen

- **Und die Kinder**
  Die Vermutung, dass polyamoröse Familien den Kindern keinen Schutzraum bieten können, da sie instabil sind, ist vor allem ein Vorurteil, das den verschiedenen Beziehungsformen entgegengebracht wird. Bei Kindern in polyamoren Lebensformen werden dem gegenüber keine Nachteile beobachtet. Die Situation der Kinder in unserer Gesellschaft ist eher von der Milieuzugehörigkeit abhängig als von den Lebensformen, in der die Eltern leben. «Die polyamore Subkultur schätzt als Werte Treue im Sinn von Verbindlichkeit und Loyalität, Ehrlichkeit, Respekt, gleichberechtigte Kommunikation und Verhandlung sowie Hingabe» (differentloving.de 2009).

4.6 Symbole und Erkennungszeichen

Wie in den meisten politischen Bewegungen würden auch in der Poly-Szene Symbole und Erkennungszeichen, wie sie z.B. aus der homosexuellen Bewegung bekannt sind, entwickelt. Gwendolin Altenhöfer schreibt dazu in «Symbole & Rituale – Bausteine für eine poly-fidele Schlampenkultur»: «So wie mir gelegentlich fröhlich die bunten Regenbogenfahnen aus der HauptsächlichHeteroUmwelt außerhalb meiner heimatlichen Lesben-WG entgegenleuchten, hier und da Doppeläxte aufblitzen und mir Lesben Hände Aufkleber freundlich zuwinken, so wünsche ich mir, die Polylesbe in der Kassenschlange von Ferne zu erkennen oder auf dem Frauenfest zu sehen, dass die interessante Frau da hinten, die gerade die ziemlich nette neben sich geküsst hat, trotzdem nicht von der Liste der Flirtpartnerinnen gestrichen werden muss» (Altenhöfer 2005, S. 92). Anschließend beschreibt sie ihre eigene Do-It-Yourself-Idee zum Thema Symbole. Auch hat Gwendolin Altenhöfer im Internet recherchiert und viele kreative Symbole entdeckt. Wir möchten ihre Liste durch einige weitere Beispiele ergänzen. Eine Sammlung weiterer Symbole stellt Alex West auf seiner Internetseite vor (West 2009). Es passt zur Vielfarbigkeit der Bewegung, dass sie sich auch bei ihrer Symbolik nicht auf ein Zeichen festgelegt hat.

Polyamid

Polyamid

Ein molekularer Haufen Frauenzeichen als Symbol für die lesbische Polyamory-Szene von Gwendolin Altenhöfer (hier leicht verändert dargestellt). Das rote Warndreieck soll deutlich machen, auf was frau sich einlässt, wenn sie die Trägerin anspricht.

Das rote Herz steht für Liebe, die blaue liegende Acht ist das Symbol für Unendlichkeit. Zusammen drücken sie unendliche Möglichkeiten aus, wie Liebesbeziehungen gelebt werden können. Entworfen wurde dieses Symbol von Brian Crabtree.

Papageien sind in den USA ein verbreitetes Symbol für Polyamide. Papageien als Haustiere haben dort den Spitznamen «Polly» und die vielen Farben der Papageien symbolisieren die Vielfalt des Polylebens. Laut Gwendolin Altenhöfer hat einmal «Hope», eine Polyamoristin, vorgeschlagen, die Papageien durch Papageifische zu ersetzen, da ihr Verhalten passender für ein Poly-Maskottchen wäre. Leider ist Hopes Internetdomain www.hopesplace.net nicht mehr zu finden. Papageifische wechseln je nach Umständen und zur Verfügung stehenden Partner_Innen ihr Geschlecht, wandern in Gruppen, haben eine veränderliche Anzahl von Sex-Partner_Innen von einem Fisch bis zu einer ganzen Gruppe, und auch ihre Farben und Gewohnheiten können sich in vielfältiger Weise wandeln (polyamorysociety 2009).

PAARC
Polyamory Awareness and Acceptance Ribbon Campaign

Entworfen von Jim Evans. Das Pi steht für den Anfangsbuchstaben von Poly, in Gold, um den Wert darzustellen, der freundschaftlicher und romantischer Verbundenheit beigemessen wird – in Abgrenzung zu rein sexuellen Beziehungen. Der blaue Streifen steht für Offenheit und Ehrlichkeit, rot für Liebe und Leidenschaft, schwarz für Solidarität mit allen, die wegen der herrschenden Normen ihre Beziehungen verstecken müssen.

ILIC

Steht für «Infinite Love In Infinite Combinations» – unendliche Liebe in unendlichen Kombinationen. ILIC ist eine Anlehnung an das «IDIC-Credo» aus der Serie Star-Trek, wobei das «D» für «Diversity» (Vielfalt) steht. Auch hier finden wir die Farben gold, blau, rot und schwarz wie in dem Entwurf von Evans.

Ein Beispiel für die Darstellung einer Poly-Familie. Den bunten Ring deuten wir als einen Ausdruck der Vielfältigkeit. Dieses Symbol entnahmen wir der Webseite von Polyfamilies.

Hier wird der Ring zu einer farbigen Verkettung von Herzen.

Dieses Symbol ist das Kennzeichen der Southern California Polyamory Meetup Group.

Es gibt mittlerweile diverse Shops, in denen es Polyamory Accessoires und Bekleidung zu kaufen gibt. Sie zeigen verschiedenste Symbole, Variationen der oben genannten und Bekenner_Innenaufschriften, z.B. T-Shirts mit der Aufschrift:

«Polyamory is Wrong! It is either Multiamory or Polyphilia, but mixing Greek and Latin roots? Wrong!»

4.7 Queere und vielfältige Infragestellung der Normativität

If a new world view is in the making, as I believe it is, sexuality has not yet been incorporated into that vision. Current sexual practice can no longer be explained by the old theories and we do not yet understand it in the light of the new territory.
June Singer, The Energies of Love

Achsen der Ungleichheit

Die Sicht auf bestimmte gesellschaftliche Unterdrückungsverhältnisse war nach 1945 durch die Dominanz der aus Moskau und später auch Peking beeinflussten kommunistischen Parteien bis weit in die siebziger Jahre vernebelt. Dem Hauptwiderspruch zwischen Kapital und Arbeit wurden Nebenwidersprüche wie Geschlechterverhältnisse oder rassistische Unterdrückung nachgeordnet. Wäre der Hauptwiderspruch gelöst, so würden sich mehr oder weniger schnell auch die anderen Widersprüche, wie von selbst, erledigen. Es war Louis Althusser, der in seinem Aufsatz «Widerspruch und Überdeterminierung» 1968 eine zaghafte Kritik an dieser Sichtweise wagte (Althusser 1974, S. 52–99). In den USA wurde 1977 vom Combahee River Collective, einer afroamerikanischen Lesbenorganisation der Begriff «tripple oppression» geprägt, der in Deutschland von Anja Meulenbelt mit «Scheidelinien. Über Sexismus, Rassismus und Klassismus» 1988 in die Diskussion eingebracht wurde. Es wurde jedoch schnell deutlich, dass auch die Beschränkung auf drei Unterdrückungsverhältnisse nicht ausreichend war. Die Queer-Therorie und die Genderforschung, auf die wir uns hier beziehen, überträgt die Schnittmenge von verschiedenen Diskriminierungsformen auf Achsen, Achsen der Ungleichheit.[21] Es gibt viele Achsen, die unterschiedlich ineinander verschränkt und verwoben sind. In der Literatur zur Queer-Theorie, zur Genderforschung oder zur Heteronormativität werden nur einige benannt und wenige werden erforscht. Es steht aber fest, «dass alle Menschen sozusagen am Schnittpunkt (intersection) dieser Kategorien positioniert sind und dort Loyalitäten und Präferenzen entwickeln» (Leiprecht/Lutz 2006, S. 220). Diese können wiederum identitätsstiftend sein. Die Vorstellung von Differenzlinien und die unterschiedlichen Schnittpunkte, die in einem Menschen vereint sind, sollen deutlich machen, dass die Grunddualismen soziale Konstrukte sind. Dies steht im Widerspruch zu naturalisierenden Zuschreibungsmustern, die Diskriminierungen als natürlich und biologisch gegeben rechtfertigen und legitimieren möchten. «Diese naturalisierende Form verschiebt die Ursache einer Benachteiligung aus der Sphäre des Sozialen in die angeblich naturgegebene (biologische) Ausstattung von Gruppen und Individuen und versucht, gesellschaftliche Ausgrenzungsprozesse, die im Rahmen einer hegemonialen und hierarchisierenden Struktur stattfinden, *vergessen* zu machen. Mit dem Theorieelement Soziale Konstruktion kann diesem Versuch der Unkenntlichmachung realer Prozesse auf gesellschaftlicher Ebene entgegengearbeitet werden» (Leiprecht/Lutz 2006, S. 221).

Helma Lutz und Norbert Wenning haben eine Liste von vorerst 13 bipolaren Differenzlinien zur Diskussion gestellt (Lutz/Wenning 2001). Erweitert wurde sie von Rudolf Leiprecht und Helma Lutz um zwei weitere Kategorien (Leiprecht/Lutz 2006). Diese Differenzlinien stellen eine Achse

21 Die Intersektionalitätstheorie geht davon aus, dass die Zugehörigkeit zu einer bestimmten Gruppe Diskriminierungen auf Grund einer Gruppenzugehörigkeit schafft. Diese werden in der Theorie auch als Differenzlinien oder Achsen der Ungleichheit bezeichnet. Die Kategorien sind nicht nur soziale Platzanweiser, sondern generieren auch Identität. Ziele der Intersektionalitätstheorie sind: Die Forderung, dass in der Forschung mehr als eine Differenzlinie betrachtet werden muss, dass das wechselseitige Zusammenspiel der Differenzlinien (weiter) untersucht werden muss und die Feststellung, dass soziale Gruppen durch Differenzlinien markiert und somit nicht homogen sind (Leiprecht/Lutz 2006, S. 220 f.).

Kategorie	**Grunddualismus**	
	dominierend	**dominiert**
Geschlecht	männlich	weiblich
Sexualität	heterosexuell	homosexuell [bi-/pansexuell][22]
Hautfarbe[23]	weiß	schwarz
Ethnizität	dominante Gruppe = nicht-ethnisch	ethnische Minder-heit(en) ethnisch
Nation/Staat	Angehörige	Nicht-Angehörige
Klasse/Sozial-status	«oben» etabliert	«unten» nicht etabliert
Religion	säkular	religiös
Sprache	überlegen	unterlegen
Kultur	«zivilisiert»	«unzivilisiert»
«Gesundheit»/«Behinde-rung»	ohne «Behinde-rungen» / «gesund» (ohne besondere Bedürfnisse)	mit «Behinde-rungen» / «krank» (mit besonderen Bedürfnissen)
Generation	Erwachsene alt jung	Kinder jung alt
Sesshaftigkeit/Herkunft	sesshaft (angestammt)	nomadisch (zugewandert)
Besitz	reich/wohlhabend	arm
Nord-Süd/West-Ost	the west	the rest
Gesellschaft-licher Entwick-lungsstand	modern (fortschrittlich) (entwickelt)	traditionell (rückständig) (nicht entwickelt)

Liste bipolarer hierarchischer Differenzlinien (Leiprecht/Lutz 2006, S. 220)

22 Von Schroedter/Vetter ergänzt

23 Wir haben uns an dieser Stelle gegen den von Leiprecht und Lutz verwendeten Begriff Rasse entschieden. Die ideologische These der unterschiedlichen Rassen ist eine Verknüpfung von Biolo-

zwischen Grunddualismen dar, die entweder dominieren oder dominiert werden. Sie erscheinen einander ergänzend, funktioneren aber hierarchisch. Die linke (dominierende) Seite wird als Norm deklariert, die rechte (dominierte) als Abweichung. Alle Linien sind hier getrennt voneinander dargestellt, erscheinen aber tatsächlich im Sinne der Intersektionalität ineinander verwoben und bedingen oder verstärken sich zum Teil gegenseitig.

Wir haben bereits beschrieben, dass auch die Art und Weise, wie Liebesbeziehungen gestaltet werden, einem hierarchischen Grunddualismus unterliegt. Polyamorös zu leben, kann bedeuten, sich damit zu identifizieren und eine Identität aufgrund der bevorzugten Beziehungsstruktur auszubilden. Somit erscheint es uns sinnvoll, im Sinne der Intersektionalitätsanalyse weitere Kategorien zu ergänzen. Wie kann nun die Kategorie benannt werden, welche den Dualismus Monogamie – Nicht-Monogamie beschreibt?

Beispiele:

Nennen wir die Achse «Formen der Gamie», so ist damit vornehmlich «Ehe» gemeint, zumindest aber Partner_Innenschaft. Dadurch werden promiske Lebensweisen ausgeschlossen. Auf dem Pol der Abweichung würde sich z.B. die Polygynie finden, die in anderen Kulturkreisen oder Ländern aber evtl. die Norm darstellt und dominiert.

Die Kategorie «Lebensweise» finden wir wichtig. Darunter fallen allerdings auch Singles oder Ein-Elternteil-Familien. Um die Mononorm als Achse der Ungleichheit zu verdeutlichen, haben wir uns somit auf zwei Kategorien geeinigt, die wir hiermit zur Diskussion stellen möchten:

---

gie und Kultur, die tief in unserem gesellschaftlichen Denken verwurzelt ist und lange genug für die Rechtfertigung von zahlreichen Verletzungen der Menschenrechte fungiert hat (Sow 2008, S. 71 ff). Die Begriffe Whiteness und People of Color sind aus den Critical Whiteness Studies übernommen, die in Deutschland erst seit kurzem Fuß fassen und die versuchen, die Dominierenden anstelle der Dominierten in den Mittelpunkt der Auseinandersetzung zu stellen.

Beziehungsform	Monogamie	Polyamory
Lebensweise	Paar Eltern mit Kind(ern)	Single/Partnerschaften Alleinerziehende mit Kind(ern) / Gleichgeschlechtliche Eltern

Wir möchten im Folgenden darauf eingehen, wie verwoben und implizit wirksam Ungleichheiten in unserem System wirken. Dabei sind die Differenzlinien eine Möglichkeit, ein sehr komplexes Machtsystem zu visualisieren und zu beleuchten, das System der Heteronormativität.

Heteronormativität ist ein Grundbegriff der Queer-Theorie und baut auf die *heterosexuelle Matrix*[24] nach Judith Butler auf. Außerdem bezieht sich die Kritik an der Heteronormativität auf den Diskursbegriff von Michel Foucault und auf seine Theorien zur Macht.[25]

Der Begriff Heteronormativität beschreibt Heterosexualität als ein zentrales Machtverhältnis. Dabei durchzieht Heteronormativität nicht nur alle wesentlichen gesellschaftlichen und kulturellen Bereiche, sondern auch die Subjekte an sich.

---

24 Die heterosexuelle Matrix beschreibt eine soziale und kulturelle Anordnung, ein diskursives Dispositiv (Michel Foucault), das aus den drei Dimensionen des biologisch-anatomischen Geschlechtskörpers (sex), der sozialen Geschlechterrolle (gender) und dem erotischen Begehren (desire) besteht. Diese drei Kategorien sind jeweils wechselseitig aufeinander bezogen. Mal leitet sich das Begehren aus dem Geschlecht ab, mal wird über das Begehren Geschlecht erst verankert. Mal folgt aus dem Körper eine bestimmte soziale Rolle, mal erzeugt eine bestimmte Rolle ein bestimmtes Begehren usw.. Dabei teilt die heterosexuelle Matrix Sex in genau zwei, klar voneinander unterscheidbare Geschlechtskörper, die durch die übereinstimmende soziale Geschlechterrolle zum Ausdruck gebracht werden. Das Begehren richtet sich auf das jeweils «andere» Geschlecht (Butler 1991, Bublitz 2002).

25 Für Foucault verfügen Diskurse über ein wirklichkeitserzeugendes Potenzial und über eine machtanalytische Relevanz. Dabei erachtet er es allerdings als unmöglich, Macht eindeutig bestimmten gesellschaftlichen Gruppen zuzuschreiben oder das Spiel der Macht im Diskurs durch strukturalistische Analyse zu fixieren (Foucault 1983, Hartmann et al. 2007).

Sie drängt die Menschen in die Körper zwei klar voneinander abgegrenzter Geschlechter, die ihr Begehren jeweils auf das andere Geschlecht richten (heterosexuelle Matrix). «In der gängigen Rezeption referiert der Begriff auf die wechselseitige Verwiesenheit von Geschlecht und Sexualität und hebt die Erkenntnis hervor, dass vorherrschende Geschlechterdiskurse in mehrfacher Weise heterosexualisiert sind» (Hartmann et al. 2007, S. 9).

Geschlechterdiskurse basieren auf der Setzung von heterosexuellem Begehren als natürlich und normal. Dabei bringen die Auffassungen, die Heterosexualität zur gesellschaftlich durchgesetzten Normalität werden lassen und die durch sprachliche und nicht sprachliche Verhaltensweisen gekennzeichnet sind, die normative Annahmen über ‹gesunde› Körperlichkeit und angemessenes Sozialverhalten sowie normalisierende Identitätszuschreibungen hervor, die allesamt den Glauben an die Natürlichkeit, Eindeutigkeit und Unveränderbarkeit von Geschlecht und sexueller Orientierung begründen (Akademie der bildenden Künste Wien 2009).

Die «[...] vermeintliche Normalität heterosexueller Geschlechtlichkeiten und Begehrensstrukturen geht entsprechend mit der Konstruktion von Homo- und Bisexualitäten sowie von transgender, transsexueller oder intersexueller Körperlichkeiten als Abweichung einher» (Hartmann et al. 2007, S. 9). Dabei benötigt jede Norm eine Abweichung, um sich als Norm definieren zu können.

Der Begriff der Heteronormativität weist jedoch über die Benennung einer Norm, die das individuelle Sexualleben reguliert, «hinaus und markiert die fundamentale Bedeutung heterosexualisierter Geschlechterbeziehungen für gesellschaftliche Prozesse und Institutionen» (Hartmann et al. 2007, S. 9).

In Bezug auf Foucaults Diskursbegriff ist der Begriff Heteronormativität selbst kritisch zu betrachten, da er wiederum auf die Norm verweist und sie so im Diskurs reproduziert.

Noch ist die kritische Heteronormativitätsforschung eine junge Disziplin. Wie bei der Queer-Theorie beziehen sich die aktuellen Forschungen überwiegend auf Geschlecht, Gender und Begehren. Auch der Aspekt *race* tritt langsam in das Blickfeld, denn, «auch Rassismus und Klassenverhältnisse sind heteronormativ geprägt und prägen ihrerseits die kulturellen Bilder und konkreten Praxen heteronormer Zweigeschlechtlichkeit» (Wagenknecht 2007, S. 17).

Die Betrachtung der Monogamie-Norm wird dabei eher selten in die heteronormativitätskritischen Forschungen einbezogen, ebenso Gesellschaftsschicht, Alter, Besitz und körperliche Gesundheit etc.

Queer Theory / Queer-Theorie

«Sucht nur die Menschen zu verwirren,
sie zu befriedigen ist schwer.»
Johann Wolfgang von Goethe

Was ist *queer*? Eine Frage, die diejenigen, die den Begriff im Alltag benutzen, vor einige Erklärungsnöte stellt.

Eine Antwort fällt in der Regel sehr ausschweifend aus. Im Vorwort des Buches «Queer Theory – Eine Einführung» kommt Annamarie Jagose (2001) daher zu einer sehr treffenden Antwort:

«Meist aber folgt auf die Frage, was denn der Begriff bedeutet, entweder keine Antwort oder ein mindestens halbstündiger Monolog: ‹War im Englischen ein Schimpfwort [...] Lesben, Schwule und andere [...] gegen die angeblich natürliche Ordnung von zwei Geschlechtern [...] sehr politisch [...] völlig unpolitisch [...] greift Heterosexualität an [...] ist hauptsächlich Party [...] löst Identitäten auf [...] bunte, schrille Aktionen [...]› etc.» (Jagose 2001, S. 7).

Besagte Antwort kann als ausweichend und nichtssagend empfunden werden, enthält aber alle Elemente, die queer beschreiben.

Es herrscht kein Konsens über die Definition von queer. Genau diese Unbestimmtheit gehört zu seinem ganz eigenen Charme. Dem Begriff liegt zugrunde, dass er nicht definiert werden kann. Er ist ein strittiger Begriff. Ihn zu definieren, fühlt sich an, als würde etwas eingesperrt, das «in Gefangenschaft» nicht überleben kann (Jagose 2001, S.

14). Wird er in eine Schublade gesteckt, ist er sein eigenes Mittel, diese Kategorie zu dekonstruieren und wieder herauszuschlüpfen.

«Es sieht so aus, als würde die Herausforderung queer in den zumeist braven akademischen Diskursen althergebrachte Denkweisen sprengen» (Jagose 2001, S. 15). Da die Wurzeln der Polyamory- Bewegung vor allem in schwulen, lesbischen, bisexuellen und queeren progressiven Strömungen zu finden sind, hat die Queer-Theorie großen Einfluss auf unser Verständnis dieses Themas.

Queer lässt sich nur in Grundzügen skizzieren, was wir im Folgenden versuchen möchten. Das Ausmalen dieser Skizze bleibt dabei jedem und jeder selbst überlassen.

Ursprünglich war *queer* in der englischen Umgangssprache negativ assoziiert und wurde als schwulen-feindliches Schimpfwort gebraucht (in etwa vergleichbar mit Schwuchtel oder Tunte). Wörtlich übersetzt bedeutet queer: eigenartig, anders, seltsam, wunderlich, zweifelhaft, komisch, pervers. Auch heute wird *queer* in den USA und anderen englischsprachigen Ländern abwertend benutzt. Dennoch gelang es in den 1980er und 1990er Jahren Aktivist_Innen in den USA den Begriff queer politisch zu nutzen und ihn so positiv neu zu besetzen. Die Aktivist_Innen kamen überwiegend aus der Act-Up-Initiative[26] und waren häufig Präventionsarbeiter_Innen oder in der Pflege von HIV-Positiven und an AIDS erkrankten Menschen aktiv. In dieser Organisation waren neben den schwulen Aktivisten unter anderem auch lesbische und feministische Frauen engagiert. Queer hat seit seiner Entstehung für Verwirrung und Kritik gesorgt. Heute wird er häufig als Sammelbegriff «für ein politisches Bündnis

26 Die Bewegung «Act-Up» entstand 1987 in New York (USA). Aktivist_Innen der Aids-Bewegung, die bislang vor Ort als «Gay Men´s Health Crisis» organisiert waren, wurden zunehmend unzufrieden mit der vermeintlich unpolitischen Haltung dieser Gruppe. Sie schlossen sich zusammen, um offensiver in der Öffentlichkeit für mehr Mittel für Forschung und für effektivere Medikamente gegen das HI-Virus zu werben. Der Name «Act-Up» ist eine Abkürzung für «AIDS Coalition To Unleash Power», bedeutet aber in der englischen Sprache auch etwa «sich auflehnen» (http://de.wikipedia.org/wiki/Act_Up).

sexueller Randgruppen und zur Bezeichnung eines neuen theoretischen Konzepts, das sich aus den bereits etablierten lesbischen und schwulen Studien entwickelt hat», benutzt (Jagose 2001, S. 13). Im deutschsprachigen Raum führt die Queer-Theorie im Vergleich zu ihrer amerikanischen Schwester ein Schattendasein. Deutschsprachige Texte zur queeren Theorie erscheinen in den letzten Jahren allerdings immer häufiger. Trotz der Kritik konnte sich der Begriff queer auch in den Geisteswissenschaften etablieren (Yekani/Michaelis 2005).

Mittlerweile bezeichnet queer ein Sammelbecken für alle, die *anders* sind, also nicht in das heteronormative, mehrheitliche Schema passen oder passen wollen. Dazu gehören z.B. auch BDSM-Praktizierende oder Sex-Arbeiter_Innen. Das Thema Polyamory wird nur an wenigen Stellen, und dann häufig additiv, erwähnt, andere Formen der Nicht-Monogamie finden ebenfalls kaum Beachtung in queeren Zusammenhängen. «Wie bereits vielerorts betont wurde, ist die Bezeichnung queer nicht ausschließlich als Kurzform für «schwul/lesbisch» zu verstehen, vielmehr verweist der Begriff vor allem auf andere marginalisierte sexuelle Praktiken und von der Norm abweichende Geschlechtskonstruktionen, darunter Transgender, Transsexualität und Intersexualität.[27]

27 Transgender ist ein Oberbegriff für alle, die äußerlich nicht in das Zweigeschlechtersystem eingeordnet werden möchten oder können. Das kann einerseits das soziale Geschlecht betreffen, indem Transgender die Geschlechtergrenzen performativ überschreiten (ursprünglich). Heute schließt der Begriff andererseits im weitesten Sinne auch Intersexuelle (Intersexe), Transsexuelle sowie andere Geschlechter jenseits der Zweigeschlechtlichkeit ein. Transexuelle sind Menschen, die sich «im falschen Körper geboren» fühlen. Transsexualität ist ein medizinischer Begriff und der Zugang zu Operationen und Hormonen führt über psychologische und medizinische Begutachtung. Intersex(ualität) beschreibt Menschen, die mit biologisch weiblichen und männlichen Geschlechtsmerkmalen geboren werden bzw. von anderen «nicht eindeutig einem Geschlecht zugeordnet werden können». Der Begriff ist heute (noch) neutral. Z.T. werden intersexuelle Menschen auch als Hermaphroditen oder Zwitter bezeichnet. In der Medizin gilt Intersexualität als Anomalie und wird (immer noch) operativ und/oder medikamentös bzw. mit Hormonen behandelt, oft schon im Säuglingsalter.

[...] Zudem werden in verschiedenen Kontexten Normalisierungsdiskurse wiederholt, so dass gerade Heteronormativität und Heterosexualität wichtige Felder der Queer-Studien darstellen (Yekani/Michaelis 2005, S. 9). Queer geht über Schwul-/Lesbische Studien, die Sexualität zum Thema haben ,und über die feministische Genderzentrierung hinaus.

Der Gegenstand der Queer-Theorie ist die Analyse und Destabilisierung gesellschaftlicher Normen von in erster Linie Heterosexualität und Zweigeschlechtlichkeit. Es denaturalisiert Begriffe wie «sex und gender»[28] und *durchquert* die Mann/Frau-Dichotomie. Die Sprachwissenschaftlerin Judith Butler legte mit ihrem Konzept der heterosexuellen Matrix einen Grundstein der Queer- und Genderstudies. Die heterosexuelle Matrix wird als Ausgangspunkt für Grenzüberschreitungen vielfacher Machtverhältnisse um Geschlecht, Sexualität, Klasse und Ethnizität verstanden und thematisiert Zwangsheterosexualität, Geschlechterhierarchie und Geschlechterdichotomie. Eine weitere Grundlage der Queer-Theorie und der Heteronormativitätsforschung ist Butlers Theorie der Performativität.[29] Sie prägte damit nachhaltig das queere Transgressionsverständnis.

Queer ist als politischer Begriff (Queer Politics) eingeführt worden. Aus der ursprünglich politischen, anti-homo-

28 Wir unterscheiden hier zwischen sex und gender um den Begriff Geschlecht zu beschreiben. Der englische Begriff sex beschreibt das biologisch-körperliche Geschlecht. Gender bezeichnet das sogenannte soziale Geschlecht, verweist also auf eine soziale oder kulturelle Kategorie der Geschlechtlichkeit. In Judith Butlers queerfeministischer Theorie erscheint z.B. auch die angebliche körperliche Wahrheit von sex als ein Effekt heteronormativer Diskurse (Butler 1991). Die Anzahl der Gender-Kategorien hat sich bis heute unter anderem durch den Einfluss von Transgender-Theorien vervielfältigt und geht weit über das in feministischer Theorie zugrundeliegende Begriffspaar Sex/Gender hinaus. Dieses stellte vor allem für kulturell oder individuell spezifische Ausformungen von Genderrollen oder -identitäten eine Grundlage zur Verfügung.

29 Butler legt Wert auf eine Unterscheidung der Konzepte Performanz und Performativität. Unter Performanz versteht sie den Akt oder Moment der Inszenierung und unter Performativität die Naturalisierung und Materialisierung von Geschlechtlichkeit durch normative Praxis der Wiederholung (Bublitz 2002) .

phoben Bewegung ist die Queer-Theorie entstanden. Speziell in Deutschland ist die Bezeichnung queer, aufgrund der fehlenden brisanten Wirkung des Wortes, schnell zu einer Eins-zu-eins-Übersetzung von schwul/lesbisch geworden. In der Verwendung als moderne Variante von schwul/lesbisch verliert queer an politischem Potenzial und wird zu einer Identitätskategorie, die mit dem ursprünglichen Ziel der progressiven queeren Bewegung nichts mehr zu tun hat. Queere Politik versucht Bündnisse gegen die Herrschaft der Normalisierung auf politischer Solidarität aufzubauen.

Der Behauptung, dass queer Hetreosexualität angreift, wie wir es in der eingangs zitierten Antwort lesen konnten, möchten wir widersprechen. Wir haben keine Quellen gefunden, die einen Angriff auf Heterosexualität belegen würden. Queer versteht sich nicht als Wertung. Ein Angriff auf eine sexuelle Identität wäre gleichbedeutend mit einer Abwertung dieser Kategorie. Queer kritisiert *alle* Identitätskategorien. Die Theorie hinterfragt die hinter diesen Kategorien versteckten Herrschaftsstrukturen und macht Normalisierungsprozesse sichtbar. Queer greift somit Heterosexualität nicht an, sondern hinterfragt die Norm der Heterosexualität.

Dieses normativ-kritische Potenzial von queer haben wir in unseren Darstellungen auf die Norm der Monogamie angewandt. Queere Kritik bezieht sich hauptsächlich, aber nicht ausschließlich, auf Heterosexualität als Normkonstrukt. Am Anfang des 21. Jahrhunderts scheint es – insbesondere im anglo-amerikanischen Kontext –, dass queer dabei ist, in eine neue Etappe von Verortungen und Bestimmungen einzutreten. «Derzeit wird Queer Theory von diversen Impulsen in eine aktivere Phase des kontinuierlichen Prozesses von Wissensbildung bewegt» (Yekani/Michaelis 2005, S. 9).

In einem Diskurs zur Heteronormativität geschieht es häufig, dass Beteiligte den Begriff Heteronormativität mit Heterosexualität gleichsetzen. Dabei entsteht der Anschein, dass queer als Partybegriff begriffen wird. Dieses Bild vom bunt schillernden Identitätsstempel einer «neuen, modernen schwul/lesbischen Society» wird auch von Brian Currid wahrgenommen und kritisiert: «Der Eingriff von *queer* in den Apparat der Sichtbarkeit hat schon seinen Schock verloren, denn das ganze Spektrum von Outsein, das Verqueeren (queering) der Massenmedien, die Techniken der Parodie haben jetzt selbst angefangen, an der Produktion einer «modernen», bunten, «toleranten» neuen Welt teilzunehmen und sind dadurch selbst Instrumente der Formation der Hegemonie geworden» (Currid 2001, S. 373). Eine häufig formulierte Kritik an queer ist, dass dieser Begriff seine kritische, dekonstruktivistische Kraft längst verloren hat. Wir halten dennoch an diesem Begriff fest, denn wir sehen sein Potenzial noch längst nicht als erschöpft. «Denn was als queer verkauft wird (im wahrsten Sinne des Wortes)», so Elahe Haschemi Yekani und Beatrice Michaelis, «deckt sich in den meisten Fällen nicht mit jenem kritischen Potential, jenen subvertierenden Interventionen, wie sie sich in queerer Politik und Wissenschaft manifestieren» (Yekani/Michaelis 2005, S. 8). Somit ist queer bestimmt auch als Überschrift für eine Partykultur zu gebrauchen, aus unserer Sicht hat er aber eine wichtige Funktion als eine Theorie, die alle Kategorien und Identitäten in Frage stellt und herrschende Normen dekonstruiert.

Queer bezieht keine Identitätsposition (auch wenn der Begriff von Aktivist_Innen als Identitätsbeschreibung benutzt wird). Queer liegt ein anti-identitärer Impetus zugrunde. Des Weiteren konstituieren sich queere Handlungsoptionen über strategische Allianzen, die politische Interventionen ermöglichen. Queer ist also eine Strategie und keine Identität. Eine Aussage von queer geht dahin, dass Politik queer sein kann, Personen können das nicht (Yekani/Michaelis 2005, S. 9). Der queeren Identitätskritik liegt ebenfalls Judith Butlers Theorie der heterosexuellen Matrix zugrunde. Indem Queer auf die Unmöglichkeit einer «natürlichen» Sexualität verweist, stellt es sogar scheinbar sichere Kategorien wie «Mann» und «Frau» in Frage. Queer kritisiert einheitliche und stabile Identitätsvorstellungen und stellt diesen ein Spektrum von Möglichkeiten der Existenz gegenüber. Es begreift Identitäten (geschlechtliche, sexuelle, ethnische usw.) sowie politische und theoretische Positionen als Provisorien.

Die queere Bewegung tritt in der Öffentlichkeit häufig bunt und schrill auf und versucht, z.B. mit dem Werkzeug der

Geschlechter-Parodie[30], aufzufallen und zu verwirren. Queer versucht Aufmerksamkeit zu erregen, den Blick der Öffentlichkeit (der Massen) auf blinde Stellen und Machtstrukturen zu lenken und beschreibt Modelle, die Brüche im angeblich stabilen Verhältnis zwischen gender und sexuellem Begehren hervorheben.[31]

Diese Skizze der Queer-Theorie reicht bei Weitem nicht aus, alle Facetten von queer aufzuzeigen und zu beleuchten. Ähnlich einer Disco-Kugel scheint Queer-Theorie nur zu spiegeln und zu reflektieren, je nachdem welcher «Lichtstrahl» auf sie trifft. Mit diesem Bild vergleicht Claudia Engelmann auch das polyamoröse Leben in ihrem Beitrag in «Mehr als eine Liebe» (Engelmann 2005, S. 119/122):

«Ich bin eine Disco-Kugel, eine Projektionsfläche, meine Facetten glitzern im Licht, was du sehen willst, wirst du sehen. [...]. Ich bin eine Disco-Kugel, all meine Facetten – jede einzelne ein kleines Abbild meines Inneren – bilden zusammen etwas Rundes, zu sperrig, um in eine Schublade zu passen. Je mehr von deinem eigenen Licht auf mich scheint, desto mehr kannst du sehen.»

Mit ihrem Band «Quer durch die Geisteswissenschaften» versuchen Yekani und Michaelis «eine Annäherung an die Vielfalt queerer Arbeiten in den Geisteswissenschaften. So betrachtet erweist sich queer als mögliche Basis für Allianzen, die auf Unterschieden beruhen können – eben auch auf disziplinären Unterschieden, die das Lernen voneinander aus verschiedenen Umfeldern ermöglicht: eine Queer Theory, die darauf verzichtet, *die* Queer Theory zu sein, sondern vielmehr multi-perspektivisch vielfältige, mehr oder weniger gewaltsame Verortungen thematisiert und irritiert.» (Yekani/Michaelis 2005, S. 15).

So schließen wir diese Skizze mit dem Vorschlag des «queering der Beziehungsformen» im Sinne von Anna Carina Böcker (2005, S. 175), die damit meint, «dass analog zur Kritik an den festen Grenzen zwischen Sexualitäten, Geschlechtern und anderen Identitätskategorien auch die rigi-

30 Beispielsweise Drag Kings und Drag Queens.

31 Z.B. Cross-Dressing, Intersexualität und geschlechtliche Uneindeutigkeit.

den Grenzen und Hierarchien zwischen Beziehungsformen in Frage gestellt werden können – insbesondere die Trennung zwischen Zweierbeziehungen, in denen Sex stattfindet und «platonischen» FreundInnenbeziehungen. Es kann also fließende Formen von Beziehungen geben, die verschiedene Aspekte integrieren, ohne das eine über das andere zu stellen und Sex als etwas zu instrumentalisieren, das eine bestimmte Form von Beziehung zur wichtigsten macht. [...]. Auch die Bedeutungsgleichheit von Treue und Exklusivität ist kein Sachzwang: Treue – oder lieber commitment – empfinde ich als etwas, das innerhalb der Beziehung stattfindet und nicht durch Unterlassen nach außen. Diese Position wird oft als egoistisch definiert, allerdings könnte ebenso die Position egoistisch gelten, die Exklusivität verlangt und daran ihre Zuneigung bemisst. Egal mit «wie viel» Zuneigung oder Sex jemand bedacht wird – in dieser Hinsicht ist es «zu wenig», wenn es nicht exklusiv ist.»

Queering bedeutet somit ein aktives Darstellen von Möglichkeiten, Beziehungsformen zu durchkreuzen, es schafft Raum für Sowohl-als-auch-Beziehungen. Queering ist ein Aufruf gegen den Entscheidungszwang einer Entweder-Oder-Gesellschaft. Queer ist Vielfalt, queer ist «queerlig». Queerliges Verhalten ist, in unserem Sinne, ausbrechen aus Schubladen und leben in vielfältigen Lebensweisen.

Vielfältige Lebensweisen

«Vielfältige Lebensweisen» wurde von Jutta Hartmann als neuer Begriff in der Pädagogik eingeführt.[32] Er dient dazu, das Spannungsverhältnis zwischen Pluralisierung und Norm(alis)ierung[33] von Lebensformen aufzugreifen und die Dynamik dieser Spannung zu betonen, die vorherrschenden Grenzen und Normalitätsvorstellungen in Bewegung bringen. Für Hartmann sind Begriffe bewegliche Denkwerkzeuge, die der Aufgabe kritischer Wissenschaft, zum Verständnis und

32 Hartmann (2002, 2004, 2007), Hartmann et al. (1998).

33 Der Begriff Normierung wird auf ein Wirkungsverständnis vorschreibender Normen bezogen und der Begriff Normalisierung auf eine Orientierung an einem als Normalität festgelegten Durchschnitt. Hartmann (2002, S. 25).

zur Veränderung der Welt beizutragen, dienen. Hartmanns Konzept basiert besonders auf queer-theoretischen Ansätzen, dem Butlerschen Begriff der Performativität und der Diskurs- und Lebenskunstphilosophie von Foucault.[34]

Mit «vielfältige Lebensweisen» plädiert sie für eine kritisch-dekonstruktivistische Perspektive in der Pädagogik. Aus dieser Perspektive möchte Hartmann sozio-kulturelle Apriori und unreflektierte Alltagsannahmen mit den in ihnen transportierten Macht- und Herrschaftsverhältnissen aufgreifen.

Dabei verweist sie darauf, dass sie zunächst die Kategorien Geschlecht – Sexualität – Lebensform bearbeitet. Perspektivisch ist der Begriff der vielfältigen Lebensweisen aber auch auf andere Kategorien und ihre Verschränkungen ausgerichtet. Da Monogamie bzw. Nicht-Monogamie und damit Polyamory an sich keine Kategorie vorgibt, muss diese im Diskurs erst konstruiert werden. So erscheint uns Polyamory bereits als eine vielfältige Lebensweise, also als ein Resultat der Dynamisierung der von Hartmann genannten Triade.

Mit einem kritischen Impetus verbunden geht es dem Begriff der vielfältigen Lebensweisen um eine enthierarchisierende Bewegung, die der Perspektive sozialer und gesellschaftlicher Veränderung folgt. Vielfältige Lebensweisen richtet sich als Pädagogik nicht an ein *anything goes*, sondern an eine ethische Haltung zu sich und anderen, die einen achtsamen Umgang vor dem Hintergrund der Menschenwürde und Menschenrechte ermöglicht.

Eine pädagogische Auseinandersetzung entlang dieses Begriffes möchte Kindern, Jugendlichen und (jungen) Erwachsenen Angebote zu Fragen des eigenen Selbstverständnisses machen. «Ist das Selbstverständnis [...] ein Ausgangspunkt für die von ihnen antizipierten Möglichkeiten das eigene Leben zu gestalten, dann wird eine Pädagogik, die daran orientiert ist, (junge) Menschen in der Gestaltung eines guten Lebens zu unterstützen, ihr Augenmerk darauf richten, ihren AdressatInnen eine Vielzahl an Möglichkeiten

34 So begreift sie in Anlehnung an Foucaults Philosophie der Lebenskunst ein gutes Leben als ein an Glück und Freiheit orientiertes Leben.

zur Verfügung zu stellen, sich geschlechtlich und sexuell zu begreifen und zu erleben» (Hartmann 2004, S. 66). Dabei sollen sie begleitet werden, ein kritisches Verhältnis zu den gesellschaftlichen Zwängen des Seins und damit Handlungsfähigkeit zu entwickeln. Hartmann weist ausdrücklich darauf hin, dass dieser Zugang zwar nicht von normativen Vorgaben und hegemonialen Diskursen befreien kann, aber Raum für Freiheit und Vielfalt lässt (Hartmann 2004, S. 67).

Wenn es (Sexual-)Pädagogik und sozialer Arbeit grundsätzlich darum geht, die Entwicklung eines an Glück und Freiheit orientierten Lebens zu unterstützen, sind Pädagogik und soziale Arbeit herausgefordert, die Auseinandersetzung mit Vielfalt als einen zentralen Auftrag zu verstehen und entsprechende Konzepte zu entwickeln. Neben der Orientierung an dem Ziel eines guten Lebens soll eine Pädagogik der vielfältigen Lebensweisen auch eine gewaltpräventive Haltung des Respekts gegenüber Menschen anderer Herkunft, Weltanschauung und Lebensweisen fördern (Hartmann 2004, S. 67).

Hartmanns Begriff der vielfältigen Lebensweisen verläuft quer durch die verschiedenen Fachgebiete der Pädagogik, orientiert sich dabei aber immer an folgenden Leitlinien:

- **Eine pädagogische Haltung entwickeln**
  Der Begriff unterscheidet zwei Ebenen: Erstens, vielfältige Lebensweisen als expliziten Gegenstand pädagogischer Bearbeitung und zweitens, vielfältige Lebensweisen als eine übergreifende pädagogische Haltung im Sinne eines alltäglichen Veränderungshandelns. Eine Haltung der vielfältigen Lebensweisen findet Ausdruck im pädagogischen Alltag, z.B. darin, dass eine Bandbreite an Lebensweisen den selbstverständlichen Horizont des eigenen Handelns bildet, Pädagog_Innen verschiedene Lebensweisen an unterschiedlichsten Stellen erwähnen und situativ Gesprächsanlässe aufgreifen (Hartmann 2004, S. 68).
- **Gesellschaftliche Normen und Normalitäten hinterfragen**
  Zum Beispiel, indem sozio-kulturelle Selbstverständlichkeiten kritisch diskutiert werden oder vertiefend gefragt wird: Warum geben Normen Sicherheit und schränken

gleichzeitig ein? Warum verunsichern und bereichern Abweichungen? (Hartmann 2004, S. 68 f.).

- **Vielfalt von der Vielfalt aus denken**
  Wenn Vielfalt der Ausgangspunkt ist, von dem aus gedacht und gehandelt wird, überschreitet dies das additive Prinzip des zusätzlichen Thematisierens, welches die Struktur von Norm und Abweichung, Allgemeinem und Besonderem reproduziert (Hartmann 2004, S. 69).
- **Selbstverständlichkeiten irritieren**
  «Zentraler Bestandteil dekonstruktiver Perspektiven ist die Irritation vorherrschender Gewissheiten, das Einnehmen verschiedener Perspektiven und die Frage nach dem Ausgeschlossenen» (Hartmann 2004, S. 70). Zum Beispiel irritiert in einem Fragebogen die Frage nach der sexuellen Orientierung, wenn anstatt der selbstverständlichen Kategorien hetero – homo – bi die Kategorien «zur Zeit eher heterosexuell» oder «meistens homosexuell» zur Auswahl stehen.
- **Bestehende Macht- und Herrschaftsverhältnisse bewusst machen und an deren Abbau arbeiten**
  Die alleinige Benennung von Vielfalt reicht nicht aus, um bestehende Macht- und Herrschaftsverhältnisse bewusst zu machen.
  Bei einer Thematisierung über verschiedene Lebensformmodelle (z.B. Polyfidelity, AlleinerziehendeR usw.) können vorherrschende Machtverhältnisse kritisch hinterfragt werden, indem z.B. herausgearbeitet wird, dass trotz einer Pluralisierung der Lebensformen nicht von einer freien Wahl gesprochen werden kann. Produktiv könnte die Diskussion mit der gemeinsamen Überlegung enden, wie Regeln und Umgangsformen für ein gleichwertiges und gleichberechtigtes Miteinander in der Vielfalt entwickelt werden können (Hartmann 2004, S. 71f).
- **Identitätszwänge hinterfragen**
  Identitätszwänge können mithilfe von Biografiearbeit sichtbar gemacht werden. Dabei können eigene Biografien oder die von bekannten Persönlichkeiten mit vielfältigen Lebensweisen besonders gut anhand von Ungereimtheiten oder Brüchen im Lebenslauf bearbeitet wer-

den. Scheinbar «natürliche» Zwänge können so entlarvt und Alternativen aufgezeigt werden (Hartmann 2004, S. 72).

- **Für Differenzen in der Geschlechter- und Sexualitätsdifferenz ebenso wie für das Verschwimmen der vorherrschenden Geschlechter- und Sexualitätsgrenzen sensibilisieren**
  Der Zwang zur Eindeutigkeit lässt sich über Beispiele, die quer zur Norm liegen, untergraben. So kann Neugierde an nicht vereindeutigten Lebensweisen geweckt werden. Anhand geläufiger Abwertungen kann nach den unterschiedlichen Antriebskräften gefragt werden, die zum einen dazu beitragen, Vielfalt zu behindern, und zum anderen, Vielfalt entgegen vorherrschender Normen zu leben (Hartmann 2004, S. 73).
- **Alltägliche Konstruktionsweisen von Geschlecht und Sexualität zum Gegenstand pädagogischer Auseinandersetzung machen**
  Eine Herausforderung liegt vor allem darin, sich selbst als Person, die die herrschenden Verhältnisse mit herstellt, zu reflektieren, eigene Muster zu erkennen und sich in der Diskussion von Macht- und Herrschaftsverhältnissen nicht (länger) auf der sicheren Seite zu wähnen.
  Zum Beispiel könnte eine theaterpädagogische Einheit dazu einladen, Geschlechter zu «spielen». Dabei ist es die Aufgabe, das jeweilige Geschlecht so überzeugend darzustellen, dass der Öffentlichkeit die «Verkleidung» nicht auffällt (Passing). Die Teilnehmenden spielen ihre Rolle also z.B. in öffentlichen Verkehrsmitteln, in einer Gaststätte oder im Kaufhaus. Anschließend wird das Rollenspiel reflektiert. Wie mit den Konstruktionsweisen von Geschlecht kann auch mit der Mononormativität «gespielt» werden. So könnten die Teilnehmenden als «polyamoröse Liebesbeziehungen» in unterschiedlicher Konstellation öffentliche Räume aufsuchen. Die Erfahrungen werden anschließend diskutiert. Welches Verhalten erregt Aufmerksamkeit? Welche Reaktionen wurden darauf gezeigt? (Hartmann 2004, S.74).

Theorie und Praxis: Vom Infragestellen zum Handeln

In ihrem Selbstverständnis grenzt sich die polyamoröse Bewegung deutlich von der herrschenden Kultur ab, die auf einem inoffiziellen Bekenntnis zur Monogamie und einer institutionalisierten Praxis der Untreue beruht (Mint 2004). Laut Pieper und Bauer (2005) können Poly-Beziehungen «auch als Formen von Widerstand gedeutet werden, denn sie stellen den Exodus aus einem herrschenden Beziehungsmodell dar. In den Poly-Beziehungen formieren sich neue Muster des *Kommunen* (Hardt/Negri 2002, S. 314), also des Gemeinsamen. Damit unterbrechen und durchkreuzen Poly-Lebensformen mono-normative, hetero-normative, sexistische und andere Machtstrukturen und Herrschaftslogiken» (Hardt/Negri 2002, S. 68/69).

«Was in diesen unterschiedlichen Definitionen auf dem Spiel steht, ist letztendlich die Frage, worin ‹echte› Polyamory besteht und welche Formen von Nicht-Monogamie sich legitimer Weise ‹verantwortliche Nicht-Monogamie› nennen dürfen» (Klesse 2005, S. 127).

Der größte Widerspruch innerhalb der Polyamorybewegung besteht darin, ob Polys selbstbewusst und sex-positiv bzw. sexualitätsbejahend in der Öffentlichkeit auftreten sollten und somit evtl. (unberechtigte) Promiskuitätsvorwürfe riskieren oder ob sie den Aspekt der Liebe als Legitimierung ihrer Beziehungsformen in den Vordergrund rücken, damit aber eine Norm unterstützen, die andere (auch polyamoröse Menschen) diskriminiert. So begründet sich auch die sogenannte sex-radikale Kritik, die einige nicht-monogam lebende Menschen als Argument hervorbringen, sich bewusst nicht als polyamorös zu definieren.

Klesse (2005) fand in seinen Interviews heraus, dass ein kritischer Poly-Aktivist hinter der Motivation vieler Leute, die für Gruppenehen und Kleinstgruppentreue (Polyfidelity) plädieren, Assimilationsbedürfnisse vermutet. Eine andere Teilnehmerin lehnt eine Identifizierung mit Polyamory ab aufgrund der starken Tendenz unter Poly-Aktivist_Innen, sich von sexuellen Lebensweisen, die häufig als promisk abgewertet werden, abzugrenzen. Ein Interviewteilnehmer argumentiert, «dass ein Wort wie ‹Polyamory›, das schon in seinem Begriffskern Liebe privilegieren würde, nicht dazu geeignet sei, spontanere, lustdefinierte Formen der Sexualität einzuschließen. Für das Konzept Polyamory zu werben, sei seiner Meinung nach daher gleichbedeutend mit einer Verweigerung der Solidarität mit denjenigen, die als promisk angegriffen werden» (Klesse 2005, S. 128).

Unsere Kritik an dem Diskurs über Polyamory geht aber, wie bei Klesse auch, noch in eine andere Richtung. Nicht nur, dass die Möglichkeit besteht, Diskriminierungen unter den Poly-Aktivist_Innen durch einheitliche und sex-negative Definitionen hervorzubringen. Auch sehen wir die fragwürdige Tendenz des aktuellen Diskurses in der Machtvermeidung (Harritworn 2005 und Frankenberg 1993) und den blinden Stellen innerhalb der sozialwissenschaftlichen Forschung und der Polyamorybewegung aufgrund eines Assimilationsbedürfnisses. So fasst Melita Noël (2006, S. 606) zusammen: «Seit der Begriff ‹Polyamorie› 1990 von Zell geprägt wurde, und sich der Begriff in der Literatur, die vor Kurzem veröffentlicht wurde[35] weiter entwickelt hat, wird ein homogenes Portrait von Polyamoristen sichtbar. Wie von Ravenscroft in dem vorhergehenden Ausschnitt eingefangen, zeigt die Literatur, dass Polyamorie typischerweise von einer bestimmten Lesergruppe theoretisiert und praktiziert wird. Tatsächlich treibt die Literatur die Idee voran, dass Polyamorie eine effektive und revolutionäre Beziehungswahl für jeden sein kann, während sie sich gleichzeitig auf einen bestimmten Personentyp in der [US-]amerikanischen Kultur fokussiert, nämlich ein Individuum das ‹europäischer› Abstammung ist, Mittelklasse, gebildet durch College und – auch wenn Ravenscroft dies nicht anspricht – wahrscheinlich auch körperlich gesund. In der Tat, dieses Problem der körperlichen Gesundheit oder Behinderung wird in keinem der Bücher über Polyamorie jemals angesprochen und wird

35 Hier verweist Noël auf Heinlein, Kris A. / Heinlein, Rozz M. (2004): The Sex and Love Handbook: Polyamory! Bisexuality! Swingers! Spirituality! (and even) Monogamy! A Practical Optimistic Relationship Guide. Do Things Record and Publishing, E-Book und Ravenscroft (2004).

neben Problemen von Vielfalt und Sexualität selten diskutiert. Diese Textauslassungen zeigen, wie Rassen-, Klassen- und körperliche Privilegien der aktuellen Polyamorie zu Grunde liegen.»

Wir entscheiden uns beim Sprechen für eine oder gegen eine bestimmte Formulierung. Die gewählte Formulierung trägt zur Konstruktion von Wirklichkeit wie auch zur Reproduktion von Normen bei. Mit den so geschaffenen Kategorien werden auch immer wieder Ausgrenzungen und Diskriminierungen hervorgerufen. So trägt der Umgang mit Sprache – gleichgültig ob er bewusst oder unterbewusst gesteuert wird – dazu bei, Wirklichkeit zu gestalten. Es entsteht eine Verantwortung, der wir uns stellen müssen. Die Verantwortung, bestimmte Ereignisse und gesellschaftliche Entwicklungen an Institutionen wie die Kirche oder den Staat abzugeben, ist hierbei eine Methode der Machtvermeidung. Während auf der einen Seite die gesellschaftlichen Individualisierungstendenzen die Menschen bei Problemen nach ganz persönlichen Auswegen suchen lassen, wird die Verantwortung für diese Probleme nicht selten genau diesen Institutionen zugeschoben. Queere Lebensweisen sind demgegenüber Ansätze von Subkultur, die versuchen, das Leben kollektiv in die eigenen Hände zu nehmen.

Eine Überwindung von Diskriminierungen ist nicht nur aus der Sicht der «Betroffenen» erstrebenswert. Und sie allein können den Kampf auch nicht gewinnen. Je mehr Menschen eine Haltung entwickeln, die sensibel ist für Machtungleichheiten und die daran arbeitet, die Vielfalt in unserer Gesellschaft zu fördern und zu entwickeln, um so größer ist die Chance, ein befriedigendes und bereicherndes Miteinander zu erreichen. Einige ganz konkrete Handlungsmöglichkeiten eröffnet uns Jutta Hartmann mit ihrem Konzept der vielfältigen Lebensweisen. Vor allem wendet sie sich an pädagogische Fachkräfte, Lehrkräfte und Eltern, die Methoden in ihren Alltag einbauen bzw. Altbewährtes verändern können. Eine Haltung zu entwickeln, mit dem Ziel, ein gutes Leben, welches an Freiheit und Glück orientiert ist, für alle erreichbar zu machen, liegt in der Macht jedes einzelnen Menschen.

5. Und wie war´s? *Geschichtliche Entwicklung und Mono-Normativität*

Jetzt ist von der Tugend des Eros zu sagen,
und das Größte zwar:
dass Eros Unrecht weder tut noch leidet,
weder gegen Götter noch
von Göttern, weder gegen Menschen noch von Menschen,
denn nicht leidet er durch Gewalt, wenn er etwas leidet,
denn Gewalt berührt den Eros nicht.
Noch bedient er sich ihrer.
Rede des Agathon bei Platons Symposion

Warum weit zurückgehen in der Geschichte? Ist es nicht ausreichend, die Wurzeln der Kritik einer Einschränkung von Liebesbeziehungen in der Moderne und Postmoderne zu benennen? Eine so begrenzte Betrachtung könnte nicht erklären, warum heute in der psychosozialen Welt Muster bestehen, die als naturwüchsig wahrgenommen werden, da es alltagsprachlich formuliert «schon immer so war». Denn die Wurzeln der Normalität von Liebesbeziehungen, die als eine Frau-Mann-Beziehung daherkommt, gehen mindestens zurück bis zur Diskussion um den Eros auf Platons Symposion.[36] Es geht uns daher in unserem historischen Ausflug nicht darum, aufzuzeigen, wie wild es unsere Vorfahren getrieben haben. Nicht darum, die Liebesbeziehungen

36 Bei Platons Gastmahl ist die Vielfältigkeit der Liebesbeziehungen allerdings noch sehr viel größer, so steht zum Beispiel auch die Knabenliebe zur Diskussion. Auch findet sich in Aristophanes´ Rede beim Gastmahl ein Verweis auf den Grund der Anziehung der Geschlechter: einem ursprünglich aus beiden Geschlechter bestehendes Geschöpf, dass, weil zu mächtig, geteilt wurde. Ähnliches finden wir in der germanischen Mythologie mit dem Urriesen Ymir, der aus sich selbst Kinder zeugt, wie auch in den ältesten indischen Belegen mit einem zweigeschlechtlichen Urwesen Purusha.

vergangener Epochen voyeuristisch zu betrachten. Es geht uns vielmehr darum, aufzuzeigen, worin die Konstruktion der monogamen (heteronormativen) Zweierbeziehung ihre Wurzeln hat. Eine geschichtliche Entwicklung, in der scheinbar Neues zur herrschenden Norm wird, das aber in vorausgegangenen Zeitabschnitten bereits in Nischen und kaum beachteten Verhaltensstrukturen auf seinen Weg zur Dominanz lauerte.

Wir sind nicht in der Lage zu beantworten, ob und wenn ja wie sich historische Entwicklungen genetisch auswirken. Wir können allerdings feststellen, dass die Untersuchung historischer Emotionsentwicklungen und deren Auswirkung auf die körperlich-psychische Konstruktion aktueller menschlicher Konstitution bis heute nicht einmal ein befriedigendes Forschungsinstrumentarium entwickelt hat. Der Einfluss der Entwicklung von Produktivkräften und Produktionsverhältnissen genau wie die Wirkmächtigkeit von sprachlicher Codierung und Decodierung bei der historischen Entwicklung intimer intensiver Beziehungen sind in der Forschung widersprüchlich (Elias 1939, Bornemann 1970, Flandrin 1978, Duerr 2002).

Wir versuchen im Folgenden, die konstitutiven Elemente von Liebesbeziehungen zu beschreiben, die unseres Erachtens die Voraussetzung für die Etablierung der monogamen langfristigen Zweierbeziehung darstellen. Wir verstehen dabei diese Etablierung als eine Entwicklung der Beherrschbarkeit der Körper und Emotionen. Dass ein Ausgangspunkt aufgrund der Forschungslage dabei die Ehe ist, ist nicht nur Ausdruck der Leerstelle von historischer Emotionsforschung. Die Ehe ist die wesentliche Folie, auf der die Entwicklung der Arbeitsteilung von Mann und Frau Ausgangspunkt für die Normierung der Zweigeschlechtlichkeit in der Moderne ist, und in der Ehe entdecken wir gegenwärtig den Versuch einer Verbindung von Arbeitsteilung und intimer Liebe. Ein privates Vertragsverhältnis wird dabei mit einer emotional aufgeladenen Beziehung verquickt. Die Rolle der Sexualität in dieser Verquickung macht die Beziehung zu einem Geflecht von sozio-ökonomischen, emotionalen und körperlichen Wechselbeziehungen. Je weniger der historische Prozess beachtet wird, der zu diesem Ergebnis führte, umso mehr erscheint das Dreieck von Arbeitsteilung, romantischer Liebe und Sexualität als menschliche Natur. Das Verhältnis wird zum Herrschaftsinstrument, indem es einen Vertrag emotionalisiert und die Verfügungen über den Körper zum Bestandteil des Vertrages macht. Im Christentum wird diese Beziehung religiös aufgeladen und in der Moderne als säkularisierte Ehe zu einem wesentlichen Bestandteil diskursiver Herrschaft.

Zweiter wesentlicher Ausgangspunkt sind die dichterischen Äußerungen, vor allem über Verliebtheit und deren Konsequenzen. Seitdem es schriftliche Zeugnisse gibt, stehen Rechtstexte zur Ehe den dichterischen Liebesgeschichten gegenüber. Während die einen über die Zurichtung der Menschen und über ökonomische Beziehungen Auskunft erteilen, ermöglichen uns die anderen einen Blick in die Geschichte von vielfältigen Liebesauffassungen. Eine Perspektive, die der sklavischen Unterwerfung unter herrschende Liebesdiskurse eine Utopie entgegensetzen kann, die Liebesfragen dem Diktat von Macht und Herrschaft entreißen könnte.

Der Prozess der Entwicklung einer «Kultur des Selbst» (Foucault), in der auch die eigene Liebe beherrscht wird, ist auch der Weg von der «Liebeskunst» (Ovid) bis hin zu «Was die Mathematik uns über unser Liebesleben verrät» (Clio Cresswell). Dieser Prozess stellt sich auch dar als ein Weg der zunehmenden Beherrschung durch Kontrolle. Diese Kontrolle wird entwickelt auf Grundlage eines ansteigenden Wissens über das Subjekt (auch wenn es wie bei Cresswell irgendwo zwischen lächerlich und witzig formuliert wird). Genauso ist Wissen notwendig, um Praktiken zu entwickeln, die diese Kontrolle problematisieren. Dazu gehört auch die Rückgewinnung der Liebeskunst. Denn trotz aller Versuche, die Liebe, den Eros zu rationalisieren können wir Gerhard Binder in Folgendem zustimmen: «Der Eros entzieht sich also; er weicht zurück an einen Unort, in eine Atopie, die sich nicht umfassen und begreifen läßt. Diese Atopie bildet einen Unruheherd; die Arche einer jeden Ordnung wird heimgesucht von einem Moment des Anarchischen. Dies ist der Kern dessen, was auch der Mythos des Eros umkreist. Könnten wir in erschöpfender Weise sagen, was der Eros ist, so würde von ihm nicht viel übrig bleiben. Ein normalisierter Eros wäre wie ein eingeplanter Gast oder ein vorberechnetes Geschenk. Er würde uns nicht überraschen, nicht beflügeln und entsetzen» (Binder 1993, S. 23).

Im Alltagsdenken sind biologistische Sichtweisen mitunter so stark verankert, dass Begriffe ihre kulturelle Bedeutung verlieren und den Sachverhalt zum Naturzustand werden lassen. Wir haben 2008 Studierende an der Universität Paderborn befragt, was sie denn meinen, wenn sie etwas als «normal» bezeichnen. Bei den spontanen Antworten enthielt die Erklärung bei über zwei Dritteln der Befragten einen Hinweis auf die Natur. Normalität wird verstanden als eine naturverursachte Konstante. So erscheint dann auch eine lang andauernde monogame Lebensweise im heutigen Denken als naturwüchsig. Die romantische Liebe wird darüber hinaus zum Fundament dieser Beziehung und als naturalisierte Normalität zur menschlichen Eigenschaft, zu der dann noch der Seitensprung vor allem als männliche Natur gezählt wird. Innige Liebe wurde aber erst zum Ende des christlichen Mittelalters in Europa zum Fundament einer monogam geführten Ehe. Erst in der bürgerlichen Moderne wird die Konstruktion Ehe auf der Grundlage dieser Liebe zur gesellschaftlichen Norm.

Das Eherecht als Verfügung des Mannes über die Frau, in der diese monogam leben muss, kann auf eine sehr viel längere Geschichte zurückblicken: Genauso verhält es sich mit der Verliebtheit, wie unzählige Liebesgedichte und Erzählungen bezeugen. Doch verstrickt sich diese Dichtung noch nicht im magischen Dreieck von Lebensform (Ehe), Sexualität und Emotion. Rechtsverhältnisse und Liebesgedichte sind zurückzuverfolgen bis in die frühen Hochkulturen, während die Ausführungen zur Sexualität eher zwischen den Zeilen zu finden sind. Ergänzt werden Rechtsvorschriften und Liebesdichtung schon in der römischen Antike durch «Liebesratgeber» und vor allem im christlichen Mittelalter durch Moralvorschriften. All diese schriftlichen Zeugnisse können sicherlich nicht die Komplexität der verschiedenen real gelebten Vorstellungen von Liebe umfassend nachzeichnen. Aber sie können uns Einblicke erteilen in die Entwicklungen des Liebeslebens und die Subversivität, die im Bruch mit den Normen lag. Subversivität ist dabei nicht nur als dekonstruktiver oder zerstörerischer Akt gemeint, sondern auch als Anstoß für neue Sichtweisen.

5.1 Alles begann in Babylon

In einer der ältesten überlieferten Gesetzgebungen, der Gesetzessammlung des Hammurapi im Zweistromland aus der Zeit um 1.800 v. Chr., wurden in einigen Paragraphen Ehe und Familie geregelt. Die Ablösung der Tempelwirtschaft in Babylon und die Ausweitung des Privatbesitzes hatte die Stellung des Patriarchats gestärkt. Die rechtliche Regelung der Eheschließung bediente in diesem Prozess nach Irmtraud Seybold vor allem drei Funktionen: «1) Die wirtschaftliche Absicherung durch angepaßte Arbeitsteilung unter den Familienmitgliedern, die den Lebensunterhalt und die materielle Existenz zu garantieren haben. 2) Das biologische Ziel der Familie in der Zeugung möglichst vieler männlicher Nachkommen zu erfüllen, um die Erhaltung des Mannesstammes zu sichern und den ‹Reichtum› an Arbeitskräften und damit Macht und Ansehen der Familie zu erhöhen. 3) Die religiöse Aufgabe der Fortführung des Ahnenkultes durch die Nachkommen zu gewährleisten» (Seybold 1990, S. 33).

Durch Verlagerung und Konzentration der Produktion in die unmittelbare Familie wurde eine Rechtsprechung notwendig, die diesen Besitz und die Reproduktion regelte. Eine solche Familie war alles andere als die Kernfamilie, wie wir sie heute kennen. Neben dem Patriarchen und der Hauptfrau gehörten zur Familie Nebenfrauen, Sklaven und sämtliche Kinder. Frauen waren neben den Sklaven und den Kindern dem Hausherren untergeordnet. Dennoch ließ Hammurapi für sie einige Rechte niederschreiben. So durften Frauen selbständige Rechtsgeschäfte abschließen, wie Kauf, Verkauf oder Tauschgeschäfte, und konnten zum Beispiel auch Darlehen vergeben.

Die Ehe wurde durch einen Ehevertrag abgeschlossen. In diesem Vertrag wurden insbesondere Vermögensfragen geregelt. Hart wurde der Ehebruch von Frauen bestraft. Die Frau und der Nebenbuhler wurden ertränkt. Der betrogene Ehemann konnte seiner Frau aber das Leben schenken, wenn er es wollte. Darüber hinaus wurde das Verhalten der Ehefrau reglementiert, so heißt es im § 143: «Wenn sie nicht unbescholten ist, aushäusig ist, ihren Haushalt verschlampt und ihren Ehemann vernachlässigt, so soll man diese Frau ins Wasser werfen» (Codex Hammurapi, zit. n. Seybold 1990, S. 37).

Die Funktion der Ehe als einer Verbindung, die dem Mann die Gewissheit gab, dass er der biologische Vater der Kinder «seiner» Frau war, machen andere Gesetze aus der Gesetzessammlung deutlich: So wurde die Vergewaltigung in der Ehe rechtlich nicht geahndet. Einen Mann, der die Verlobte eines anderen Mannes im Hause ihres Vaters vergewaltigte, erwartete demgegenüber die Todesstrafe.

Ein Ehegatte konnte seine Frau verstoßen, die möglichen Scheidungsfolgen wurden in den Eheverträgen geregelt. In der Regel musste er den Brautpreis und die Mitgift zurückzahlen. Hatte die Frau Kinder, musste er auch noch Garten und Feld dazugeben. Eine Frau, die sich von ihrem Mann trennte, konnte mit dem Tod oder der Sklaverei bestraft werden. Eine Frau konnte das eheliche Haus auch verlassen, wenn der Mann ein lasterhaftes Leben führte. Über die Trennung entschied dann ein Gericht. Bekam die Frau in dem Prozess Recht, dann konnte die Ehefrau ihre Mitgift nehmen und zu ihrem Vater zurückkehren. Wurde die Ehefrau, die diese Forderung an ihren Ehemann richtete, aber selbst als lasterhaft verurteilt, drohte ihr wiederum die Todesstrafe durch Ertränken.

Die Ehe war also in der Hochkultur Mesopotamiens vor allem eine wirtschaftsrechtliche Einrichtung. Aber auch die Liebeslyrik nimmt im Zweistromland ihren Anfang. Jean Bottéro zitiert 3.000 Jahre alte Liebesgedichte in seinem Essay: «Alles begann in Babylon». Diese Gedichte beginnen etwa mit den Zeilen:

«Hinweg mit dir, Schlaf! Meinen Liebsten will ich in die Arme schließen»
«Sobald du zu mir sprichst, erfreust du mir das Herz so sehr, daß ich darüber sterben könnte!»
«O wie schön, dir ganz verstohlen zuzublinzeln!»
«Verliebt macht mich dein zauberhaftes Wesen!»
(Bottéro 1995, S. 32f).

Bei der Verliebtheit hatten nicht selten die Götter ihre Hände im Spiel, die Ehe wurde demgegenüber wie jeder andere Vertrag behandelt. Die «Befragungen» der Götter im Vorfeld der Heirat über die Treue der Frau und die Nachkommenschaft waren scheinbar die einzigen Verbindungen zur Religion, solche Anfragen gab es bei anderen wichtigen Geschäften allerdings auch (Seybold 1990, S. 36). Ähnliches gilt für das alttestamentarische Judentum: Die Ehe wurde laut dem Talmud als Vertrag geschlossen, der mit keinerlei religiösen Feierlichkeiten verbunden war (Saar, Stefan 2002, S. 1f.). Das sechste (bei Juden und Orthodoxen das siebte) Gebot: «Du sollst nicht die Ehe brechen» weist auf die Forderung nach monogamer Lebensführung auch des Mannes hin. Allerdings gibt es kein Gebot über die Unauflöslichkeit der Ehe.

Das «Hohelied», wie es bei Martin Luther heißt, ist ein Liebeslied in der Bibel, an dessen Dichtung König Salomon im zehnten vorchristlichen Jahrhundert beteiligt gewesen sein soll. Sulamith und ihr Geliebter tauschen dort Komplimente aus, an die selbst heutige Schlager kaum heranreichen. Es geht in dem Lied scheinbar auch um eine Vermählung: Im dritten Kapitel heißt es: «Kommt heraus und schaut, ihr Töchter Zions, König Salomo mit der Krone! Damit hat ihn seine Mutter gekrönt am Tage seiner Vermählung, am Tage seiner Herzensfreude» (Die Bibel). Bei dieser Vermählung handelt es sich aber wohl nicht um die Heirat mit seiner Geliebten, sondern um eine Hierogamie, eine heilige Hochzeit. Ein Ritual, das zu Riten matriarchaler Gesellschaften zurückreicht, bei der die geschlechtliche Vereinigung eines göttlichen Paares gefeiert wurde.

5.2 Antike Liebe

Die Entwicklungen in der griechischen Antike waren sehr vielfältig, das Liebes- und Eheleben betreffend. Als zwei Pole der Entwicklung können die Geschichte Spartas und Athens aufgefasst werden. So stellt die Geschichte Spartas den Weg zu staatlich kontrollierten Lebensformen dar. Ebenso war Sparta die erste Hochburg der Knabenliebe. «Sparta war vom 8. bis zum 6. Jahrhundert vor unserer Zeitrechnung die führende Stadt (Polis) Griechenlands. Die wirtschaftliche Grundlage wurde durch drei Klassen garantiert. Die im 1. Messenischen Krieg unterworfenen dorischen Messenier wurden zu Leibeigenen (Heloten) gemacht, die an die Ländereien der spartanischen Aristokratie gebunden waren und die Hälfte des Ernteertrages an diese abgeben mussten. Die Periöken, eine Klasse freier Männer ohne politische Rechte, stellten die Händler und Handwerker dieser Gesellschaft. Die spartanische Aristokratie herrschte als landbesitzende Kriegerkaste. Neu an dieser Herrschaftsform war die totalitäre Unterwerfung unter die Polis» (Schroedter 2007, S. 38).

Die Beziehung zwischen Männern und Frauen trat in Sparta bis ins 5. vorchristliche Jahrhundert vor allem in Form der Besuchsehe auf. Die Beziehungen zwischen Männern und Frauen dienten dem spartanischen Staat hauptsächlich zur Reproduktion. Kinder bekamen das spartanische Bürgerrecht, wenn die Väter Spartaner waren. In der antiken Geschichte Spartas waren polygame Beziehungen keine Ausnahme und wurden nahezu unabhängig vom Geschlecht mit Wissen und Billigung der Partner_Innen eingegangen. Männer und Frauen lebten in den ersten Jahren einer Zweierbeziehung nicht zusammen. Die ersten zehn bis zwölf Jahre einer solchen Beziehung lebten die Männer zusammen in Gruppen und besuchten ihre Frauen meist nachts und manchmal nur heimlich. Im Unterschied zur Situation in Athen durften die Frauen in Sparta auch unabhängig von ihren Männern besitzen und vererben. Die Geschlechtertrennung war in Sparta so stark wie kaum in einer anderen Gesellschaft. Trotz einer rigiden patriarchal-hierarchischen Gesellschaft hatten die Frauen mehr Rechte als in den auf einer monogamen Ehe beruhenden anderen Staaten der Antike. Wo es keine monogame Ehe gab, die die Frau als Gebärerin des Erbkindes für den Vater rechtlich einschränkte, gab es den Verstoß des Ehebruches nicht. Winfried Schmitz zählt sechs historische Hinweise auf, die belegen, dass es in Sparta keine monogame lebenslängliche Ehe gab. Eingangs bezieht er sich auf den römischen Geschichtsschreiber Plutarch (ca. 45 bis ca. 125): «Erstens: Anzuführen ist zunächst die Anekdote über Geradas. In Sparta sei es zu folgendem Zwiegespräch zwischen Geradas, ‹einem der ganz alten Spartaner›, und einem Fremden gekommen. Der Fremde fragte, wie man in Sparta mit Ehebrechern verfahre, woraufhin Geradas erwiderte: ‹Bei uns gibt es keine Ehebrecher.› Als der andere darauf beharrte, antwortete Geradas: ‹Dann muß er als Buße einen Ochsen zahlen, so groß, daß er mit dem Kopf über den Taygetos gucken und aus dem Eurotas saufen kann.› Als der Fremde erstaunt fragte: ‹Wie kann es denn einen so großen Ochsen geben›, lachte Geradas und sagte: ‹Wie kann es denn in Sparta einen Ehebrecher geben?› Plutarch erklärt das Fehlen des Ehebruchs mit der hohen Sittsamkeit des spartanischen Ehelebens. Diese Deutung braucht nicht weiter kommentiert zu werden. Die Erklärung ist nämlich viel einfacher. Wenn es eine rechtsgültige Ehe in Sparta nicht gab, konnte es gar keinen Ehebruch geben. Die Anekdote wird also erst vollends verständlich, wenn man davon ausgeht, daß eine rechtmäßige Ehe in Sparta nicht existierte» (Schmitz 2002, S. 574).

Die Einrichtung von Männerbünden, in denen «wahre» Freundschaften gelebt werden, war demgegenüber im antiken Sparta Grundlage seiner militärischen Potenz. Die Knabenliebe ist für die Geschichte Spartas bis ins letzte vorchristliche Jahrhundert vielfach belegt. Die emotionalen Beziehungen zu 12- bis 18-jährigen «Knaben» konkurrierten sowohl in den Blütezeiten Spartas als auch später in Athen mit der Liebe der Männer zu Frauen. Carola Reinsberg geht sogar so weit zu behaupten: «Die einzig wahrhafte Liebe war die Liebe zum Knaben. Sie war die einzige sexuelle Beziehung, für die eine geistig seelische Verbundenheit notwendig und unabdingbar war, während der sexuelle Kontakt sekundär blieb und sich unter Umständen auf sehr sublime Äußerungen sinnlichen Verlangens und erotischer Annäherung beschränkte» (Reinsberg 1993, S. 128). Zur lesbischen Liebe gibt es kaum Quellen, allerdings ist die Tatsache, dass die Insel Lesbos, auf der die Philosophin und Dichterin Sappho (ca. 630 bis ca. 570 v. Chr.) lehrte und ihre Akademie gründete, Namensgeberin war, als Hinweis zu werten, dass solche Beziehungen durchaus an der Tagesordnung waren. Von Sappho stammt auch folgendes Gedicht an eine ihrer Schülerinnen, das wohl als ältestes lesbisches Liebesgedicht angesehen werden kann:

«*Und niemals werde ich sie wiedersehen, meine süße Atthis.*
Zu sterben wäre weniger schlimm als dieses
schreckliche Los.
Und weinen sah ich sie, als sie Abschied nahm.
Sie sagte, ‹Ich verlasse dich. Sich trennen fällt schwer.›
Ich gab ihr zur Antwort: ‹Leb wohl denn und geh,
denn nichts kann ewig bestehn.
Aber erinnern sollst du dich stets daran,
wie sehr ich dich geliebt›.
Hand in Hand gingen wir in duftgeschwängerter Nacht
Hin zur Quelle, durchstreiften Wälder und Wiesen.
Geflochten hab ich für deinen Hals entzückende Girlanden;
Kränze aus Eisenkraut, aus Rosen und frischen Hyazinthen
Verströmten auf deinem Busen ihren Duft.
Mit kostbaren Essenzen war er eingesalbt,
Dein reizender, junger Körper. Zärtlich ruhend neben mir
Erfuhrst du, was erfahrene Hände vermögen,
Die tausend Dinge, die Kunst und Zärtlichkeit erfanden,
Um zur Blüte zu bringen die Schönheit der Mädchen
Ioniens»
(zit. nach Mossé 1995, S. 49).

Gegenüber der Geschichte Spartas stellt die Entwicklung des archaischen und klassischen Athens von den solonischen Reformen bis zur Einnahme des hellenischen Griechenlands 146 v. Chr. durch die Römer die Herausbildung des Privaten in der europäischen Ehe dar.

Auch im antiken Athen hatte die Ehe nur als Wirtschaftsgemeinschaft eine Bedeutung. Im Griechenland Homers gab es noch keine eherechtlichen Bestimmungen. Mit heutigen Maßstäben gemessen, würden wir das Sexualverhalten in der homerischen Lebenswelt vielleicht als liberal bezeichnen. Die Ehen wurden nicht durch einen Rechtsakt geschlossen, sondern durch den Einzug der Frau in den Hausstand (Oikos) des Mannes oder (was wohl seltener vorkam) den Einzug des Mannes in den Hausstand der Frau.[37] Das Fehlen eines spezifischen Fachausdruckes für die Konstruktion Ehe unterstreicht dies. Sie wird vielmehr als «Freundschaft und Beilager» umschrieben (Reinsberg 1993, S. 17). Dies änderte sich spätestens mit der solonischen Neuordnung im Jahre 593 v. Chr. Von diesem Zeitpunkt an wurde die Ehe in Athen von der Polis geregelt. Der Archon eponymos, der «Oberbeamte» Athens, der in der archaischen Zeit jährlich von den Bürgern Athens gewählt wurde, regelte die familienrechtlichen Fragen und Erbstreitigkeiten. «Ein weiteres Novum und ein entscheidender Faktor bei der Stärkung der Einzel- und Kleinfamilie war die Einführung des Testaments durch die solonische Gesetzgebung. Das Testament ermöglichte einem Familienvater, der ohne Erben, d.h. ohne Sohn, gestorben war, auch noch nach seinem Tode per Verfügung einen Nachfolger zu adoptieren, der den Oikos übernahm und als Oberhaupt seiner Mitglieder und legitimer Besitzer des zugehörigen Ackerlandes weiterführte» (S. 28). Vor der solonischen Reform wären in Athen die Besitztümer automatisch an die weitere Verwandtschaft gefallen. Was dem Talmud und der solonischen Reform gleich ist und für die «Wiege unserer Kultur» insgesamt gilt, ist die Funktion der Familie als Wirtschaftsgemeinschaft, die mit dem Patriarchen an der Spitze sowohl Frauen und Kinder als auch Sklaven und andere Bedienstete umfasste. Von romantischer Liebe als Grundlage des Zusammenlebens war sie weit entfernt. Die Sage von Hero und Leander, in der Leander von der Lie-

37 Oikos wird in der Regel mit Haus oder Hausstand übersetzt. Thür weist darauf hin, dass Oikos «mit ‹Haus› nur sehr unzulänglich, besser mit ‹Hof›, einigermaßen treffend mit ‹familia› wiederzugeben ist» (Thür 1992, S. 124).

be getrieben versuchte, die Dardanellen zu durchschwimmen und dabei ertrank und Hero sich daraufhin vor Kummer die Felsen hinunter stürzte, kann als Warnung vor den Folgen einer heftigen Liebesbeziehung verstanden werden.

Wie wichtig dem Mann die eigenen Söhne waren, wird in der Umdichtung der Geschichte der Medea durch Euripides aus dem Jahre -432 v. Chr. deutlich: Medea brachte in dieser Fassung aus Rache an ihrem Mann die beiden gemeinsamen Söhne um.

Die für die Frau monogame Ehe war eine Konstruktion, die dem Mann die Sicherheit gab, dass die Erben «seine Kinder» waren. Der Ehebruch der Frauen galt daher als schweres Verbrechen, Männer hatten das Recht, außerehelich zu verkehren, wobei es egal war, ob sie mit freien[38] Frauen oder mit anderen Männern, freien wie unfreien, schliefen. Sie durften allerdings nicht mit einer verheirateten Frau schlafen. Verführte ein Mann eine verheiratete Frau, durfte der betrogene Ehemann ihn töten; vergewaltigte ein anderer Mann die Ehefrau, konnte der Betrogene lediglich ein Bußgeld fordern. In beiden Fällen war die Ehre der Frau unwiederbringlich verloren. Ihr Mann war gezwungen, sich von ihr zu trennen, und sie verlor das Recht auf bzw. die Möglichkeit einer neuen Heirat. Sexuelle Attraktivität und individuelle Zuneigung spielten beim Zustandekommen von nebenehelichen Konkubinaten eine wesentlich größere Rolle als bei der Wahl der Ehegattin. Fausto Goria fasst die Meinung Aristoteles` zur Ehe folgendermaßen zusammen: «Die Freundschaft unter den Eheleuten beruhe nicht auf der Gleichberechtigung der Partner, sondern auf der Überlegenheit des Mannes. Die Gemeinschaft unter Ehegatten sei ihrer Natur nach aristokratisch, selbst wenn (um der Gefahr eines Abgleitens in die Oligarchie vorzubeugen) der Ehefrau in den sie betreffenden Bereichen ein eigenständiger Wirkungskreis zuzuerkennen sei; der Ehemann regiere seine Ehefrau wie der Magistrat eine Stadt. Daraus folge, daß die Tugenden des Mannes und der Frau nicht dieselben seien (im Gegensatz zu der diesbezüglichen An-

38 Als freie Frauen galten in Athen z.B. Prostituierte. Als unfrei galten z.B. Verheiratete, Mägde und Sklaven.

sicht des Sokrates) und daß folglich die jeweiligen Tätigkeiten nicht nur in verschiedenen Bereichen entfaltet würden, sondern auch von unterschiedlicher Bedeutung seien: Der Mann sei seiner Natur nach eher zum Führen befähigt als die Frau, weil in dieser die rationale Fähigkeit schwach sei, wenn sie ihr auch nicht abgehe wie dem Sklaven oder wenn sie auch nicht so unvollständig entwickelt sei wie beim Kinde» (Goria 1992, S. 104). Michel Foucault macht in «Freuden der Ehe» (Foucault 1986, S. 229–240) darauf aufmerksam, dass es in der griechischen Antike sowohl Positionen gab, die den Eros in der Ehe für notwendig empfanden, als auch die Position, dass zwischen Ehefrau und Geliebter klar zu unterscheiden sei.

Das Individuum taucht in der hellenischen Antike zum ersten Mal auf dem Tablett der Geschichte auf und mit ihm der Wunsch, mit anderen Menschen zu einer Einheit zu verschmelzen. Bereits in Platons Symposion wird dieser Wunsch in Bezug auf verschiedene Formen der Liebe besprochen: Für Platon stellt Eros «das totale Begehren» dar (Rougemont 2007, S. 61). Es geht nicht um sexuelle Befriedigung, sondern um ein Begehren, das nicht mehr nachlässt. Diese Liebe ist «ein «göttlicher Wahnsinn», eine Aufwallung der Seele, Torheit und höchste Vernunft. Und der Liebende ist bei dem geliebten Wesen «wie im Himmel», denn die Liebe ist der Weg, der über Stufen der Ekstase zu dem einigen Ursprung allen, was ist, führt, weit vom Körperlichen und von der Materie, weit von allem, was teilt und unterscheidet, jenseits des Übels, ich zu sein und zwei zu sein in der Liebe selbst (S. 61).

Auf dem Symposion werden Konzeptionen des Eros vorgetragen, die Platons Bild vom Eros abrunden und die uns im Laufe der europäischen Geschichte immer wieder begegnen. Der Dichter Aristophanes formuliert die Liebe als Sehnsucht nach der von den Göttern getrennten zweiten Hälfte eines Menschen. Es ist der Adlige Pausanias, der unterscheidet zwischen schlechter Liebe, die nur am Sex interessiert ist, und der guten Liebe, die die andere Person als Ganzes betrifft. Phaidros vertritt die Position, dass Eros, der Gott, der vor allen anderen war, das Beste im Menschen zu Tage bringt. Dabei stellt er die Opferbereitschaft der Liebenden in den Mittelpunkt. Eros ist es demnach sogar, der als einziger der Götter den Entschluss, das eigene Leben für das Leben des Geliebten zu opfern, hervorruft. Phaidros betont, dass diese Opferbereitschaft vor allem im Krieg eine wichtige Rolle spielt. Hier finden wir bereits den Aspekt der Disziplinierung, der im Liebesdiskurs auch heute eine zentrale Rolle spielt, letztlich die Aufopferungsbereitschaft der Liebenden als Disziplinierungshebel im Herrschaftsgefüge (Platon 2000). Für den Tragödiendichter Agathon ist Eros der jüngste aller Götter und dessen Schönheit ist die Wurzel alles Guten.

Schlussredner auf diesem Symposion ist der Philosoph Sokrates: Er erzählt, was ihn die Priesterin Diotima über Eros gelehrt hat. Er ist demnach der Pfadfinder zwischen Unwissenden und Wissenden. Er ist ein Kind von Poros (Findigkeit) und Penia (Mangel) und er vermag zwischen Mensch und Gott zu vermitteln, genauso wie zwischen der Erscheinung und dem Ideal und zwischen Meinung und Wissen. Die Liebe, die von Eros ausgeht, führt nach ihrer Lehre zurück auf die Erzeugung und Geburt im Schönen. Und als Erzeugung bringt sie Ewigkeit mit sich. In dieser Auffassung wird die Liebe transzendent. Ein Aspekt, der diese Form der Liebe in die Liebe zu Gott wandelt, wie wir sie im Christentum dann ganz konkret vorfinden.

Die römische Antike war wesentlich pragmatischer geprägt als ihr Vorläufer aus Athen. So ist es nicht verwunderlich, dass der bekannteste Liebesratgeber der Antike um die Zeitenwende vom römischen Dichter Ovid (-34 bis 17) geschrieben wurde. Ars Amatoria (Liebeskunst) und *Remedia Amoris* (Heilmittel gegen die Liebe) erregten allerdings die Gemüter über Jahrhunderte. So soll diese Schrift der Grund für Ovids Verbannung ins Exil gewesen sein. Allerdings wohl nicht wegen seiner klaren humorvollen Sprache, sondern weil sie auch praktische Hinweise zum Seitensprung enthält, den Kaiser Augustus (-63 bis 14) gerade erst hatte verbieten lassen. Die Ehe im antiken Rom war patriarchal und patrilinear organisiert, und ebenso wie in Athen existierte neben der vollgültigen Ehe das Konkubinat als dauerhafte Geschlechtsverbindung. Bis zur Zeitenwende wurde die Eheschließung vor allem als Manus-Ehe vollzogen, bei der die Frau über das von ihr eingebrachte Vermögen nicht selbst entscheiden konnte und dies bei ihrem Tod an die Familie des Mannes überging. In Rom entwickelten sich allerdings noch verschiedene Varianten der vollgültigen Ehe und die Konkubinate wurden im Laufe der Zeit den Ehen immer ähnlicher. Trotz des Verbots durch Kaiser Augustus war Ehebruch im römischen Reich in seiner über 1.000-jährigen Geschichte wohl immer Bestandteil des Ehe- und Liebeslebens. Dabei galten, wie in Athen, die Frauen als Ehebrecherinnen, während die Männer aufgrund eingeräumter Rechte verschiedene Möglichkeiten der nicht-monogamen Beziehungen nutzen konnten. Konkubinate waren rechtlich geregelt und die Prostitution florierte in Rom auf allen Ebenen. Dass der Mann vorsichtig sein sollte, wenn er sowohl die Magd als auch die Herrin verführen wollte, packte Ovid in folgenden Tipp:

«*Wenn sie dir aber, während sie Täfelchen bringt und zurückträgt,*
Durch ihren Körper, nicht bloß wegen des Eifers gefällt,
Schau, daß zuerst du die Herrin erringst; nebenher habe sie dann.
Fängst eine Liebschaft du an,
treib mit der Magd es nicht gleich.
Dies eine rate ich dir, wenn der Kunst man nur irgend vertraun kann.
Und nicht der reißende Wind trägt, was ich sag', übers Meer:
Entweder gar nicht versuchen oder vollenden! Man wird sie
Los als Verräterin, ist selbst einmal mitschuldig sie
(Ovidius 1991, S. 31f).

Doch gab es an dem (für die Männer) freizügigen Leben auch Kritik. Eine solche Kritik des urbanen, ausschweifenden Lebenswandels formulierte der Dichter Longos (verm. Ende des 2. Jahrhunderts) im Osten des römischen Imperiums auf Lesbos. Man könnte Longos` Geschichte von «Daphnis und Chloe» als eine Beschreibung einer Liebesehe betrachten, aber im Roman geht es vielmehr um die Verklärung eines «tugendhaften» Landlebens gegenüber dem städtischen Alltag. Daphnis und Chloe wurden als Babys ausgesetzt, lebten bei Schäfern und Ziegenhirten und waren «unsterblich» verliebt ineinander. Zuerst wird Daphnis` hochherrliche Abstammung öffentlich. Er durfte Chloe jedoch erst heiraten, als auch ihre Abstammung aus herrschaftlichem Haus nachgewiesen wurde. Auch bei Longos spielt der Gott Eros den Auslöser für die Bindung zwischen den beiden Liebenden. Es ist kein Wunder, dass in der Renaissance diese Form des Hirtenromans wieder aufgenommen wurde, obwohl es der einzige ist, der uns aus der Antike bekannt ist.

Die Germanen wurden im ersten Jahrhundert von den Kritikern der moralischen Wirklichkeit im römischen Reich ebenfalls als tugendhafte Vorbilder beschrieben. So schreibt Tacitus (ca. 58–116) in seinem Werk «Germania» über die Ehen der Germanen: «Indessen sind dort die Ehen streng, und gar keinen Theil der Sitten darf man mehr loben. Denn fast nur sie allein unter den Barbaren sind mit einer Frau zufrieden, ganz wenige ausgenommen, welche nicht der Wollust zuliebe, sondern ob ihres hohen Adels mit gar vielen Heirathen umworben werden. Ehegabe bietet nicht die Frau dem Manne, sondern der Frau der Mann. Gegenwärtig sind dabei die Eltern und Blutsfreunde und prüfen die Geschenke: Geschenke nicht nach Weiber-Tändelei gesucht, noch um damit die Neuvermählte zu putzen, sondern Rinder und ein aufgezäumtes Pferd, dann Schild nebst Frame und Schwert» (Tacitus 1876, S. 19). Die Familien- und Sippenstrukturen der germanischen Gesellschaft waren geprägt durch einen Hausstand, in dem der Vater die Gewalt über alle Mitglieder einschließlich der Sklaven hatte. Polygynie gab es vor allem bei Kriegsfürsten, die über entsprechenden Reichtum verfügten, vor allem wohl aus diplomatischen Gründen. Die germanischen Gesellschaften kannten jedoch auch Konkubinate. Allerdings waren diese an die gesellschaftliche Stellung gebunden. Freie durften nur mit Freien verkehren, Unfreie nur mit Unfreien.

Das römische Eherecht hat für die Entwicklung der Ehe in Mitteleuropa eine wesentliche Bedeutung, wobei sich die germanische Realität östlich des Rheins nicht grundsätzlich von der im römischen Reich unterschied. Verschiedene Ehe-Formen des römischen Rechts wurden übernommen, so die Consensus-Ehe als formlose Ehe, die insbesondere für Menschen galt, die formal keine Ehe schließen konnten.[39] Vor allem für diejenigen, die ökonomisch nicht in der Lage waren einen eigenen Haushalt zu gründen. Die Ehefrau wurde bei einer solchen Ehe nicht der hausherrlichen Gewalt des Ehegatten unterworfen.

Die Übernahme der «Leges Romanes» stellte auf jeden Fall keine Schwierigkeit dar. «Die Reglements in den Leges Romanae müssen aber im Einklang mit dem burgundischen und westgotischen Moral- und Rechtsempfinden gestanden haben, denn es waren burgundische und westgotische Könige, die die Leges Romanae kodifizierten und promulgierten. Somit wird es bereits zum Zeitpunkt der Kodifizierung dieser Leges auf Seiten der römischen wie der germanischen Bevölkerung Konkubinate freier Männer mit Frauen freier wie unfreier Herkunft gegeben haben, ohne daß man von einer gegenseitigen Beeinflussung ausgehen muß. Auch die Franken, die diese Gesetze noch über Jahrhunderte hinweg tradierten, werden sie als vereinbar mit den eigenen gesellschaftlichen Gepflogenheiten empfunden haben» (Esmyol 2002, S. 43).

Kennzeichnend für alle patriarchalen Gesellschaften in Europa bis zur Neuzeit, bei denen Eheverträge abgeschlossen wurden, war eine Sicherung der Erben des Haushaltsvorstandes. Das bedeutete, dass die Ehefrauen strikt monogam leben mussten, während dem Mann verschiedene Möglichkeiten offenstanden. Die Ehen kamen durch Verträge zustande, oft lange bevor die Ehe vollzogen wurde. Die betroffenen Frauen und oft auch ihre zukünftigen Männer hatten keinerlei Wahlmöglichkeit. Die von Herbert Meyer besonders 1940 in «Ehe und Eheauffassung der Germanen» beschriebene «Friedelehe» hat es als Ehe zwischen gleichbe-

39 Männer, die im Mittelalter nicht über genügend Land verfügten, mit dem sie eine Familie ernähren konnten, durften nicht heiraten und wurden zum Beispiel als Hagestolz bezeichnet. Auch Frauen galten als Hagestolze, wenn sie länger als dreißig Jahre verwitwet blieben.

rechtigten Männern und Frauen wohl nicht gegeben, dieses Konstrukt einer «fairen» germanischen Eheform wurde von den Nationalsozialisten bei der Verherrlichung der Germanen gerne aufgenommen und darüber hinaus lange in der Beschreibung frühmittelalterlicher germanischer Ehetypen genannt (Esmyol, 2002, 9ff., Ebel 1993).

5.3 Die mittelalterliche Zurichtung der Menschen

Die Durchsetzung des Sakramentes der Ehe durch die Katholische Kirche stellte einen historischen Einschnitt in der Entwicklung der monogamen und lebenslangen Ehe dar. Die christliche Kirche setzte im Laufe des Mittelalters die Idee einer Ehe durch, die nur durch den Tod beendet werden konnte und in der formal der Mann der Frau gleichgestellt war. Ab dem 8. Jahrhundert wurde die Scheidung zunehmend erschwert und alle bestehenden, nicht rechtlich als Vollehen anerkannten Lebensweisen als Konkubinate abgewertet. Wesentlich war darüber hinaus, dass die Ehe als Sakrament die Trauung aus dem Familienkreis in die Kirche verlegte und der Segen des Priesters obligatorisch wurde. Dieser Prozess zog sich vom Hochmittelalter bis ins 17. Jahrhundert hin. Am Beginn dieser Entwicklung stand im 10. Jahrhundert das Recht eines Priesters, anstelle des Vaters des Bräutigams, das Brautpaar im Bett zu segnen. Die Einführung des Sakraments der Ehe geschah zuerst regional sehr unterschiedlich. Bindend für die katholischen Christen war die Veröffentlichung des Dekrets über das Sakrament der Ehe am 11. November 1563 im Rahmen des Trienter Konzils. Es dauerte allerdings noch einhundert Jahre, bis die Eheschließungszeremonie im gesamten Einflussgebiet der katholischen Kirche aus dem privatrechtlichen Bereich in die Öffentlichkeit der Kirche verlagert wurde.

Bereits ab dem 13. Jahrhundert galten Konkubinate als unzüchtig und wurden bekämpft und durch das Konzil von Trient 1563 endgültig verboten. Zu diesem Zeitpunkt umfasste der Begriff Konkubinat bereits alle nicht kirchlich geschlossenen Ehen. Neben der Unauflösbarkeit der Ehe und dem Inzestverbot bis zum vierten Verwandtschaftsgrad war eine einschneidende Veränderung, «daß mit der kirchlichen Kontrolle der Eheschließungen eine umfassende Buchführung und Verwaltung ihren Anfang nahmen, um illegitime Kinder, Bigamisten etc. zu identifizieren. Während vorher ausschließlich bei Reichen Geschichtsschreiber die Hochzeit dokumentierten, setzte nun der Wunsch nach einer umfassenden Registrierung der Daten zu den Eheschließungen, dem Tod und dem generativen Verhalten ein» (Rau 1990, S. 408). Damit wird zu Beginn der Neuzeit ein Überwachungsinstrument geschaffen, das ein Vertragsverhältnis dergestalt institutionalisierte, dass eine Normalität in Verbindung mit einem Kontrollmechanismus geschaffen wurde. Nicht mehr nur der Vertragsbruch konnte geahndet werden, sondern der Verstoß gegen (kirchliche) Gesetze. Das Recht des bis dahin absolut herrschenden Hausherrn wurde zum Beispiel dahingehend eingeschränkt, dass Kindern und dem Gesinde eine «Befehlsverweigerung» gestattet war, «wenn [der Befehl] den Geboten der Kirche widersprach» (Rau 1990, S. 416). Die Kirche schrieb nicht nur die Unauflöslichkeit der Ehe vor, sondern reglementierte das Eheleben bis hin zur Festlegung der zu praktizierenden Sexualität. «An die Stelle der indirekten Einflußnahme über Regeln christlicher Lebensführung und öffentliches Bußrecht war jetzt die direkte Verwaltung der Einrichtung ‹Ehe› getreten» (Selb 1992, S. 14). Die Kontrolle des ehelichen Verhaltens geschah in erster Linie über die Beichte, bei der auch diese Bereiche des Lebens abgefragt wurden. Noch im Jahr 2002 erklärte Kardinal Joseph Ratzinger in seinen Ausführungen zum Fortwirken der Ergebnisse des Trienter Konzils: Die Beichte ist «ein besonderes Sakrament, das eine besondere sakramentale Gewalt voraussetzt, das heißt an den Ordo gebunden ist. Wenn aber eine richterliche Bewertung vorauszusetzen ist, dann ist klar, dass der Richter die Tatbestände kennen muss, über die zu urteilen ist» (Ratzinger 2002).

5.4 Minne und Galanterie

Während die Ehe in diesem geschichtlichen Prozess als Sakrament durchgesetzt wurde, formulierten die Katharer ihre Kritik an der Katholischen Kirche. Ein Element des christlichen Glaubens wird von den Katharern in den Mittelpunkt gestellt, das auch bereits bei Paulus und in der Bergpredigt angelegt ist: die Liebe zu Gott durch die Liebe zum Mitmenschen. Hinzu kam im Mittelalter eine Übersteigerung der Marienverehrung, so dass zu Recht von einer marianisch geprägten Religion gesprochen werden kann. Die Liebe, wie sie dann im Minnesang «beschworen» wurde, ähnelt eben der Liebe zur Jungfrau und Mutter Maria (Luhmann 1982, S. 58, Rau 1990, S. 442). Ein Dogma der reinen Liebe, das nicht von sexuellen Begierden gesteuert wird, findet so im Minnesang seinen Niederschlag. Die Entwicklung im Minnesang wird von den Katharern, besonders in Südfrankreich, stark beeinflusst. Auch nach der Niederschlagung der katharischen Kritik behielt dieses Element des Minnesangs seine Bedeutung. Während auf der einen Seite die Ehe zur öffentlich kontrollierten Form des Zusammenlebens entwickelt wurde, wuchs in der höfischen Gesellschaft die Idealisierung der (höfischen) Liebe zur Grundlage einer tugendhaften Gesinnung. Das entsprach allerdings nicht der Vorstellung einer Ehe oder der Praxis bei der Wahl von Bräutigam und Braut, weder im Adel noch in der reichen Bürgerschaft. Heirat war die eine Sache und Verliebtsein vielfach eine ganz andere. Das Liebespaar, das in dieser Dichtung konstruiert wurde, war nicht das Ehepaar.

Die Auseinandersetzung, ob eine leidenschaftliche Liebe auch unter Eheleuten stattfinden könne, ist Gegenstand des Gespräches eines Grafen mit einer Adligen in Andreas Capellanus[40] Werk «De amore» aus dem 12. Jahrhundert: «Haltet nicht für abwegig, was ich gesagt habe, nämlich daß, auch wenn Eheleute in noch so zärtlicher Zuneigung

40 Andreas Capellanus war Kaplan am Hof des Königs von Frankreich, Philipp II. (1165–1223). Er wird in sieben Urkunden der 1180er Jahre am Hof der Marie de Champagne (1145–1198) erwähnt, die als Mäzenin höfischer Literatur galt.

einander verbunden sind, diese ihre Zuneigung doch nicht als Liebe gelten kann. Wir sehen, daß eben dies auch für die Freundschaft zutrifft. Denn auch wenn sich Vater und Sohn in allem gegenseitig zugetan sind, so besteht zwischen ihnen doch keine Freundschaft, weil, nach dem Zeugnis der Lehre Ciceros, lediglich ihre Blutsverwandtschaft die Zuneigung unter ihnen sichert. Zwischen jeder Art von Zuneigung unter Eheleuten und der Verbindung zweier Liebender besteht ein so großer Unterschied wie der zwischen der gegenseitigen Zuneigung von Vater und Sohn und der unverbrüchlichen Freundschaft zweier Männer, weil hier keine Freundschaft vorliegt, so wie dort nicht von Liebe die Rede ist» (Capellanus 2006, S. 99). Die adelige Dame entgegnete dem unter anderem: «Alle sollten sich doch um eine Liebe bemühen, die genährt wird durch das sichere Gefühl, daß der Partner sich den häufigen Liebesakten nicht verweigert, die sogar, was noch wichtiger ist, ohne Schuld täglich ausgeübt werden darf. Wen ich auswähle und wer in den Genuß meiner Umarmungen kommen soll, muß jemand sein, der mit mir die Funktion des Ehemannes und des Liebhabers auszuüben vermag, da, was immer die Definition der Liebe auch lehrt, die Liebe offensichtlich nichts anderes ist als das auf irgendjemanden gerichtete maßlose Verlangen nach körperlicher Vereinigung. Und nichts verbietet diese unter Eheleuten» (Capellanus 2006, S. 101). Die beiden können sich nicht einigen und auf den Vorschlag der adligen Frau wenden sie sich an die Gräfin de Champagne, die ein Urteil in diesem Streit sprechen soll. Diese entscheidet gegen die «kluge und edle Frau» und für den «erlauchten und hochangesehenen Grafen». Ein Argument der Gräfin macht einen wesentlichen Unterschied zwischen einer leidenschaftlichen Liebe und einer Ehe deutlich. «Liebende schenken sich alles aus freien Stücken», dagegen sind Eheleute aufgrund des Ehevertrages «ausdrücklich verpflichtet, den Wünschen des Partners entgegen zu kommen» (Capellanus 2006, S. 107). Am Ende ihrer Ausführungen führt die Gräfin noch ein Argument an, das bis heute die Köpfe der Menschen dominiert: Es sei nicht möglich, in zwei Menschen gleichzeitig verliebt zu sein. Ihr Argument macht allerdings auch deutlich, wie weit der Kleriker Andreas Capellanus in den höfischen Diskurs im Süden Frankreichs eingebunden und von den Katharern beeinflusst war. So konnte er außereheliche Liebesbeziehungen kaum als etwas zu Verurteilendes ansehen: «Das Gesetz der Liebe lehrt, daß keine verheiratete Frau, selbst die Frau des Königs, mit dem Lohn der Liebe gekrönt werden kann, wenn sie nicht noch außerhalb des ehelichen Bundes sich dem besonderen Kriegsdienst Amors verschrieben hat. Eine andere Regel der Liebe aber lehrt, daß niemand gleichzeitig von der Liebe zu zwei Partnern verwundet werden kann. Somit kann erwiesenermaßen zwischen Eheleuten die wahre Liebe ihre Rechte nicht wahrnehmen» (Capellanus 2006, S. 107).

Die Kritik der Katharer im Süden Frankreichs geht einher mit der Veränderung der Stellung der Frau an den Höfen der Provence, die sich in der Minne niederschlägt. Die Katholische Kirche genau wie die Feudalaristrokratie Frankreichs erkennt den subversiven Gehalt nicht nur der Katharer und versucht im Kreuzzug gegen die Katharer (1209–1229) auch das höfische Liebesideal auszurotten. Das scheint ihnen kurzfristig erst einmal gelungen zu sein (Ortega y Gasset 1949, Solé 1995). Jedoch wirkt die «provenzialische Poesie» (Solé) bis heute, so dass Suzanne Brøgger zuzustimmen ist, wenn sie sagt: «Nun, während einer der großen Kreuzzüge wurden die Katharer alle miteinander ausgerottet. Aber die leidenschaftliche Liebesdoktrin blieb bestehen. Und besteht noch» (Brøgger 1978, S. 116).

Als Häresie verurteilte der Bischof von Paris 1277 das Buch von Andreas Capellanus. Die höfische Liebe, die bei Capellanus nicht frei von sexueller Annäherung ist, galt allerdings eher als eine ritterliche Tugend. Vor der Verstetigung einer solchen Beziehung wird in der aufkommenden Roman-Literatur gewarnt. Die Geschichte von Tristan und Isolde, die spätestens im 13. Jahrhundert in ganz Europa verbreitet war, kann als eine solche Warnung vor einer Beziehung aus Leidenschaft gelten. Der Ritter Tristan hatte den Auftrag, die Königstochter Isolde von Irland zu ihrem zukünftigen Ehemann Marke, dem König von Cornwall, zu bringen. Während der Überfahrt nach Britannien trinken die beiden von einem Liebestrank. Ritter und Königstochter verlieben sich ineinander. Damit beginnt eine Tragödie, in der die beiden gesellschaftliche und religiöse Gesetze brechen und den Menschen in ihrem Umfeld und sich selbst großes Unglück bringen. Nach einem abenteuerlichen kurzen Leben erliegt das Liebespaar schließlich einer Täuschung, woraufhin zunächst Tristan und unmittelbar darauf Isolde vor Kummer stirbt.

Für diejenigen, die mehr oder weniger gut ihr Leben in der Landwirtschaft oder im Handwerk bestritten, galt weiterhin eine Morallehre, bei der das getraute Paar durch «Verbundenheit, Pflichtbewußtsein und Mäßigung charakterisiert sein sollte» (Rau 1990, S. 416). Auch hier hatte sich die gesellschaftliche Stellung der Frauen zwar seit dem frühen Mittelalter verbessert, aber die Frauen wurden als schwach gekennzeichnet und vor ihrer List (Hexerei) wurde gewarnt. In der Ehe, so die allgemeine Männermeinung dieser Zeit, würde diese List unterdrückt, indem sie durch Schwangerschaft und Mutterschaft «gefesselt» werde. Die Verbindung von Liebe und Sexualität innerhalb einer solchen Ehe rückte die Frau in die Rolle einer Mätresse und galt daher als Verstoß gegen den Ernst und die Pflichten des Ehestandes. Die mit einer solchen Liebe verbundene Leidenschaft galt (zu Recht) als Bedrohung der strengen Hierarchien. Sexualität wurde im ehelichen Verhältnis auf den reproduktiven Aspekt reduziert, ein Sexualakt aus Lust galt auch in diesem Verhältnis als verurteilenswert.

Auch die Elternliebe war schon aufgrund der hohen Kindersterblichkeit und des rauen Alltags bis zum 18. Jahrhundert kein Phänomen bei der Mehrheit der ländlichen und städtischen Bevölkerung. Die Reproduktion genau wie der Sexualakt wurde als reproduktive Pflicht formuliert. Bei der Verpflichtung zum Sex waren in der christlichen Ideologie Frau und Mann im Zugriff auf den Körper des anderen (und nur dort) gleichberechtigt. Sowohl die Frau als auch der Mann konnten diese Pflicht einfordern. Dabei berief sich die Kirche auf Paulus´ ersten Brief an die Korinther in dem es heißt: «2 Wegen der Gefahr der Unzucht soll aber jeder seine Frau haben und jede soll ihren Mann haben. 3 Der Mann soll seine Pflicht gegenüber der Frau erfüllen und ebenso die Frau gegenüber dem Mann. 4 Nicht die Frau verfügt über ihren Leib, sondern der Mann. Ebenso verfügt nicht der Mann über seinen Leib, sondern die Frau. 5 Entzieht euch einander nicht, außer im gegenseitigen Einverständnis und nur eine Zeit lang, um für das Gebet frei zu sein. Dann kommt wieder zusammen, damit euch der Satan nicht in Versuchung führt, wenn ihr euch nicht enthalten könnt. 6 Das sage ich als Zugeständnis, nicht als Gebot» (1. Kor. 7.2–6). Paulus selbst stand in diesem Punkt in der Tradition Platons. Der wollte «jede Leidenschaft unterbinden, indem er einzig die Sexualität der Fortpflanzung erlaubt (der Gedanke, daß man in eine Frau verliebt sein könnte, ist ihm in der Tat nicht gekommen)» (Veyene 1984, S. 41).

Die strikte Trennung der Arbeitsbereiche, der Mann verantwortlich für die Produktion, die Frau für die Reproduktion, die hohe Sterblichkeit der Kinder, schwangeren und vor allem der gebärenden Frauen sowie das Gebot der Wiederverheiratung «machen deutlich, daß die Möglichkeiten zur Intimisierung äußerst begrenzt waren» (Rau 1990, S. 421). Hinzu kam die fehlende Aufteilung der Wohnräume. Sowohl bei Reichen als auch bei Armen ließ das gemeinsame Leben auf engem Raum kaum intime Verkehrsformen zu. Bei Bauernfamilien und auch bei armen Handwerkern gab es oft nur ein Bett, in dem das Gesinde und die Familie gemeinsam schliefen. Die Kirche ging zwar seit dem 16. Jahrhundert gegen diese gemeinsamen Nachtlager vor, aber die ökonomischen Möglichkeiten reichten häufig nicht, um etwa ein Bett für das Gesinde zu kaufen. Norbert Elias zog daraus den Schluss, dass auch der Sexualverkehr nicht verheimlicht wurde. Dem widerspricht Hans Peter Duerr und verweist auf eindeutige Quellen aus der Zeit des späten Mittelalters, in denen es den Betroffenen sehr wohl peinlich war, wenn sie beim Geschlechtsverkehr beobachtet wurden (Elias 1939, S. 391ff., Duerr 2002, S. 117 ff.). Die von Rauh und Duerr zusammengetragenen Quellen lassen eher die Vermutung zu, dass Ideologie und gesellschaftliche Normen zur sexuellen Enthaltsamkeit in «den eigenen vier Wänden» beitrugen.

Das hohe Heiratsalter im europäischen Mittelalter – ein Mann heiratete in der Regel zwischen 25 und 30 Jahren – das vor allem durch die Politik der Katholischen Kirche durchgesetzt worden war, hatte zu einer Prostitution geführt, die in fast allen Dörfern und Städten in gemeindeeigenen Bordellen stattfand. Diese wurden meist von wohlangesehenen Ehefrauen oder Witwen geleitet. «Prostitution wurde nicht als Widerspruch zur Ordnung, sondern im Gegenteil als deren Garant empfunden, da das Freizeitverhalten der Jugendlichen weitgehend kontrollierbar war» (Rau 1990, S. 432).

War im frühen Mittelalter die Familienstruktur durch relativ große Verwandtschaftsgruppen geprägt, war es im Hoch- und Spätmittelalter die Hausgemeinschaft, in der bis zu 21 Prozent der «Familienmitglieder» Gesinde waren. Im 16. Jahrhundert beginnt eine Veränderung, die zur Kernfamilie führte. «Anstelle von Pacht- und Lehnswesen, persönlicher Bindungen, feudaler und kirchlicher Abgaben und Dienste wurden Nationalstaaten, Staatsbürgerrechte und freie Lohnarbeit geschaffen. Als eines der Hauptkriterien für die Auflösung der ländlichen Haushaltsfamilie ist die durch die oben angeführte Besitzlosigkeit der ländlichen Bevölkerung verursachte Abwanderung in die Städte zu sehen. In den Städten meist als Handwerker oder Arbeiter beschäftigt, wird die Haushaltsfamilie mit ihrem Ingesinde durch eine Konzentration auf die Kernfamilie ersetzt» (Pilz 2004, S. 9f.).

Im Zentrum des aufkommenden Protestantismus stand auch die Selbstkontrolle des Körpers. Der schweizerische Reformator Huldrych Zwingli (1484–1531) verfasste in seinem Werk: «Wie Jugendliche aus gutem Haus zu erziehen sind» 1523 ein entsprechendes Erziehungsziel: «Wenn der Jugendliche zu lieben beginnt, muß er die Schulung seiner Seele beweisen. Während andere mit Kräften und Waffen im Kampf ihre Muskeln üben, wird unser Zögling seine ganze Kraft darauf verwenden, sich vor dem Irrsinn der Liebe zu bewahren; und wenn er sieht, daß er lieben muß, dann soll er sich davor hüten, zu verschmachten, sondern er soll sich eine solche zur Liebe auswählen, bei der er darauf vertraut, daß er ihr Verhalten in einer immerwährenden Ehe ertragen kann; und er soll seinen Umgang mit ihr bis zur Hochzeit so ehrenhaft halten, daß er außer dieser keine aus dem Kreis aller Frauen und Jungfrauen kennt» (Zwingli 1523, S. 234).

Neben der Selbstkontrolle tritt hier die Ehe mit jemandem, der geliebt wird, auf die Tagesordnung. Allerdings unter der Prämisse, dass «er ihr Verhalten in einer immerwährenden Ehe ertragen kann». Wichtig auf dem Weg zur Normativität der lebenslangen Monogamie sind allerdings vor allem die zunehmende Dominanz der Selbstkontrolle gegenüber der katholischen Ohrenbeichte als maßgebliche Kontrollinstitution. Die Anforderung an die Menschen und die Erziehung wird schon von den protestantischen Kirchenlehrern der frühen Neuzeit zu einer Forderung nach Selbstkontrolle des sündigen Menschen. Das gilt besonders für Verstöße wie den Ehebruch. «Den katholischen Reformern ging es vor allem um die Abschaffung des Konkubinats bei den Geistlichen; die Stadträte kämpften gegen die Kräfte, die eine Gefahr für die Ordnung darstellten; die Bürgerfrauen suchten die Sittsamkeit ihrer Kinder zu bewahren und die Arbeitshäuser für Frauen in die Vorstädte zu verbannen; die Eiferer der Reformation schließlich befehdeten die Laster, in denen sie eine schwere Bedrohung für den Bestand des Gemeinwesens erblickten. Erst mit der Zeit und dem Fortgang des Unheils wuchsen diese Kräfte zusammen, und so kam es, daß zwischen 1490 und 1550 die kollektiven Einstellungen sich langsam wandelten» (Rossiaud 1984, S. 119).

Die Ablehnung der Konkubinate und der Prostitution auch im vorehelichen Leben führen ab dem 16. Jahrhundert zu einer Herabsetzung des Heiratsalters und einer heimlichen Prostitution, die im Gegensatz zum Mittelalter zunehmend von Zuhältern kontrolliert wird. Allerdings kommt es in der Durchsetzung einer Vorstellung, dass neben der monogamen lebenslangen Ehe keine Form der Beziehung als normal gilt, zu «Störungen», die aufzeigen, wie wenig frei von Widersprüchen diese Entwicklung vor sich ging: Natalie Davis beschreibt in «Skandal im Hotel-Dieu» wie es in einem Hospital in der zweitgrößten Stadt Frankreichs, in Lyon, Mitte des 16. Jahrhunderts einen «kreativen» Umgang mit dem Kampf gegen die Prostitution gegeben hat. Sie stützt sich dabei auf eine gerichtliche Untersuchung gegen die beiden Verwalterinnen aus dem Jahre 1543. Die Kirche hatte eine Gemeinschaft der Büßerinnen gegründet, um Frauen einen Weg aus der Prostitution zu weisen. «Mutter Krone» und «Mutter Lustig» waren zwei dieser Büßerinnen, die 1537 die Leitung des Hotel Dieu übernommen hatten. Sie führten es einer neuen Bestimmung zu, in der die dort tätigen Schwestern sich einem «heimlichen Liebestreiben» hingaben, «die sie in Begriffen der spirituellen Verwandtschaft und der Familie faßten» (Davis 1986, S. 101). Jede Menge anderer «Brüder« tauchten im Hotel Dieu auf. Jetzt waren nicht nur die Mütter, sondern auch die Schwestern des Hospitals, zumindest elf von ihnen, daran beteiligt. «Falls Du einen Freund hast», riet Mere Couronnée Soeur Jane Borete, «kannst Du Dich zwanglos und familiär mit ihm vergnügen.» Das taten sie und andere dann auch schon bald: Männer, »amoureux des soeurs«, begannen im Hotel Dieu zu verkehren. Sie kamen maskiert und feierten bei den Müttern; der Priester Pierre (der Neffe des örtlichen Notabeln Catherin Jean, der 1538 die Konsuln am Hofe repräsentierte) und sein Freund Les Calignaires brachten Tambourine mit, und es wurde getanzt. Im Mai, dem Monat sexueller Freizügigkeit, erreichten die Feste mit Banketten und «Mummereien» ihren Höhepunkt. Die Mütter führten den Vorsitz, stellten die Paare zusammen ... und bestimmten die Umgangsformen. Man redete sich mit «mon frere» und «ma soeur» an; «allez voir vos soeurs» (besucht Eure Schwestern) war Mere Hilaires Begrüßung, wenn die Männer eintrafen. Die Ironie der Situation wurde noch größer, als die Mönche, d.h. Brüder aus den nur ein paar Minuten entfernten Konventen der Franziskaner und Dominikaner, die wichtigsten Besucher wurden» (Davis 1986, S. 120 f.).

Diese Beschreibung macht deutlich, dass die Trennung von Liebe und Sexualität, die durch christliche Propagandisten immer wieder bekämpft wurde, wahrscheinlich nicht nur in diesem Fall karikiert wurde. Die Verbindung von Körper und emotionaler Zugeneigtheit, der Versuch auf diesem Wege eine Beherrschung der Sexualität und der Liebesformen und so mittels der Kontrolle durch die Ideologie die Macht über den Menschen als Ganzes zu haben, konnte bis in die Moderne hinein nicht gelingen. Die Kontrolle über Emotionen, Leidenschaft und Sexualität als wesentliche Ausdrucksformen von Körper und Geist standen sicherlich auch im Mittelalter und in der frühen Neuzeit bereits im Mittelpunkt der Machtpolitik nach innen. Bei der zunehmenden Durchsetzung dieser Kontrolle war die Kirche auf die Zusammenarbeit mit dem herrschenden Adel und dem reichen Stadtbürgertum angewiesen. Durch diese Abhängigkeit wurde bei den Herrschenden die Durchsetzung der Kontrollmechanismen nicht im gleichen Maße forciert wie bei den Bauern, Handwerkern und den Armen. So wurde zum Beispiel die Consensus-Ehe stillschweigend toleriert. Dieser Freiraum war wesentlich für die Entwicklung der höfischen Liebe (Rau 1990, S. 438). Hatte der Minnesang bereits im 12. Jahrhundert eine Liebe propagiert, die vor allem die Verehrung der Frau eines Herrschers zum Kern hatte, hielt so die Idealisierung der Herrscherin Einzug an den großen Höfen. Konkubinat und Prostitution als Formen der sexualisierten Liebe bildeten das Bild der Hure und die Edelfrau wurde zur Heiligen überhöht, wobei das letzte Bild sicherlich auf den früheren Marienkult zurückgriff.

Die Erhöhung des Wohlstandes an den Höfen und beim Handelsbürgertum zu Beginn der Neuzeit war vor allem durch den aufkommenden Kolonialismus und technische Erneuerungen bedingt. Die außereheliche Liebe in diesen Kreisen war nicht durch individuelle Zuneigung gekennzeichnet, sondern durch die Tatsache, dass die Präsentation von Kurtisanen einen Lebensstil nach außen trug, der den Reichtum des Mannes demonstrierte. Die Beziehung zu den vermögenden Kurtisanen zeigt einen Wandel im Besitzdenken innerhalb der Geschlechterbeziehungen an. Die Frau war nicht mehr Weg zum Wohlstand oder Reichtum, sei es als fleißige Haushälterin oder als Bindeglied in herrschaftlichen Bündnissen, sondern sie wurde zum Ausdruck von Reichtum. Ausdruck des Reichtums war nicht mehr nur – wie in polygenen Gesellschaften – wie viele Frauen ein Mann besaß, sondern auch, mit welchen Frauen er sich schmücken konnte. «Liebe bezog sich aber auch in dieser Zeit nicht auf die Individualität des geliebten Menschen. Man liebte eine Kurtisane, weil ein Verhältnis mit ihr bedeutete, daß man reich und angesehen genug war, die geforderten Aufwandsnormen zu erfüllen und andere Nebenbuhler wirksam auszustechen» (Rau 1990, S. 443).

Dies verändert langsam auch die Position der reichen Frauen. Im 17. Jahrhundert können auch sie zunehmend außereheliche Liebesabenteuer öffentlich machen. «Die Möglichkeit, daß Frauen jetzt selbst über ein Sich-Einlassen entscheiden konnten, brachte die Notwendigkeit mit sich, um diese Frauen mit Verführungskünsten zu werben» (Rau 1990, S. 444).

Die Galanterie als Werbeverhalten wohlhabender Männer vor allem im Rahmen der ökonomischen Verbesserungen nach den verheerenden Auswirkungen des Dreißigjährigen Krieges gehen einher mit der Propagierung der Mutterliebe, die bis zu diesem Zeitpunkt im europäischen Christentum unbedeutend gewesen war. Dabei ist es für unsere Betrachtung kaum von Bedeutung, ob das Konstrukt der Mutterliebe zu diesem Zeitpunkt gesellschaftlich geschaffen wurde oder ob sie lediglich erst seit dem Ende des 17. Jahrhunderts von Bedeutung war. Wichtig ist vielmehr, dass mit der Veränderung der Stellung der Frau ihr auch zugesprochen wurde, eine selbstlose Liebe als Subjekt zu entwickeln. Bis zu diesem Zeitpunkt – bis auf die Ausnahmesituation an den südfranzösischen Höfen des späten 12. Jahrhunderts und im Adel der Renaissance – hatte sie Objekt zu sein. Wenn der Ausgangspunkt für eine Beziehung zwischen Männern und Frauen die Aktion eines Beteiligten gewesen war, so verstieß es gegen die Regel, wenn die Frau die Initiative übernahm. Das sollte sich vorerst nicht ändern, aber wir können ab dem Ende des 17. Jahrhunderts eine langsame Veränderung in der Geschlechter- und Liebeshierarchie beobachten. In der Zuschreibung der Mutterliebe wurde die Frau Subjekt, auch wenn diese Liebe nicht als kulturelle, sondern als natürliche Eigenschaft wahrgenommen wurde. Wird bis zu diesem Zeitpunkt die Elternliebe (der Vater als Lehrer, die Mutter als Amme) eher als eine religiös vorgeschriebene Pflichterfüllung gesehen, so wird hier die Mutterliebe zur natürlichen Eigenschaft der Frau. Durch die Veränderung der Stellung von wohlhabenden Frauen wurde so ein Hinweis gegeben, auf welche Liebesobjekte sich ihre Zuneigung zu orientieren hätte und wie in dem Verhältnis von Mann und Frau die Subjekt-Objekt-Beziehung bleiben sollte.

Die Veränderung dessen, was der Begriff Liebe innerhalb der Familienbeziehungen bedeutet, hat Jean-Louis Flandrin anhand von Katechismen vom 15. bis zum 18. Jahrhundert untersucht. Bis zum Ende des 16. Jahrhunderts findet sich kein Gebot der Liebe, Freundschaft oder Zuneigung der Kinder zu ihren Eltern. Das ändert sich im 17. Jahrhundert. «Ebenso bezeichnend oder noch bezeichnender als der zunehmende Gebrauch der Wörter *Liebe* und *lieben* erscheint die Entwicklung des Liebesbegriffes im Kontext der häuslichen Moral. Im Jahre 1688 erklärte der *Catechisme de Bourges* die Veränderung, indem er die Frage stellte: »Wer sind diejenigen, die ihre Eltern nicht lieben?« Und man sehe sich die Antwort an: »Jene 1. die sie hassen; 2. die sie beschimpfen; 3. die sie schlagen; 4. die ihnen den Tod wünschen; 5. die kein Mitleid mit ihren Leiden haben und sie nicht trösten; 6. die für sie nach ihrem Tode nicht beten und nicht beten lassen.« In jener Zeit beschränkte sich die Liebe auf das Nichtvorhandensein von Hass und die Erfüllung dessen, was man ihnen schuldete. Im Gegensatz dazu erklären die fünf von 1765 bis 1815 veröffentlichten Katechismen, was Sohnesliebe ist, wie wir es heutzutage erklären könnten. Die Kinder müssen ‹ihren Vater und ihre Mutter lieben›, indem sie ‹für sie eine innere Zuneigung hegen, sie ihnen erweisen und ihnen bei Gelegenheit Beweise dafür liefern›, sagte 1765 der *Catechisme de Mâcon*; ‹um Vater und Mutter zu lieben›, erklärte der Catechisme de Lausanne 1794, ‹muß man eine Zärtlichkeit des Herzens für sie hegen, ihnen alles geistige und weltliche Gute, das man kann, wünschen und tun›. All diese Katechismen stellen die Liebe als eine innerlich verspürte Zärtlichkeit oder ein Feuer des Herzens dar, das dazu treibt, für denjenigen, den man liebt, alles zu tun, was man kann – und nicht nur, was man muß» (Flandrin 1978, S. 185 f.).

Den Bedeutungszuwachs, den im 17. Jahrhundert der Begriff der Liebe bekam, führte in Frankreich zu einer Auseinandersetzung über den Gehalt dieses Begriffes. Pieper und Bauer interpretieren den Beitrag des französischen Gelehrten und Dichter Charles Vion d'Albray in dieser Diskussion als ein erstes Plädoyer für Polyamory. Er wandte sich, ihrer Auffassung nach, gegen das Diktat der Exklusivität von Zweierbeziehungen (Pieper/Bauer 2005).

Diese Veränderungen in den Familien traten zuerst im aufstrebenden Bürgertum zu Tage. Zu diesen Veränderungen gehörte auch die Grundlage der Beziehungsliebe zwischen den Eheleuten, die im Mittelalter als Unmöglichkeit geschildert wurde.

5.5 Von der Aufklärung zur Romantik

Die Liebe als ehestiftendes Element setzte sich im Bewusstsein des aufkommenden Bürgertums im 18. Jahrhundert im Bürgertum Europas durch. Diese Liebe war allerdings eine andere als eine romantische Verliebtheit. Die Aufklärung, die den vernünftigen Menschen propagierte, verlangte folgerichtig eine vernünftige Ehe. In den sogenannten moralischen Wochenzeitschriften wurde eine solche Ehe propagiert. In England hatten diese Zeitschriften Anfang des 18., in Deutschland Mitte bis Ende des 18. Jahrhunderts ihre größte Verbreitung (Rosenbaum 1982, S. 261 ff.). Bei der vernünftigen Ehe «handelte (es) sich um eine Liebe, die auf der Tugendhaftigkeit des geliebten Menschen gründete. Liebe als ein spontanes, leidenschaftliches, auf Erfüllung drängendes Gefühl wurde hingegen abgelehnt, da sie nicht durch den Filter der Vernunft gelaufen war. Denn Leidenschaft sperrt sich prinzipiell gegen die Vernunft, ist unbeherrschbar, irrational. »Liebe« im Sinne der moralischen Wochenschriften und vergleichbarer Literatur ist Zuneigung aus Freundschaft, Einsicht in die Vorzüge und Verständnis für die Fehler des anderen» (Rosenbaum 1982, S. 264). Die Wirkung der Aufklärung auf die Liebesbeziehungen und die Eheschließung waren eng mit der Herausbildung des bürgerlichen Individuums und der säkularisierten Monogamie verbunden. Diesen Beitrag zur Herausbildung des bürgerlichen Individuums durch die monogame Ehe hat Georg Friedrich Wilhelm Hegel 1820 in seinen «Grundlinien der Philosophie des Rechts» in § 167 beschrieben: «Die Ehe ist wesentlich Monogamie, weil die Persönlichkeit, die unmittelbare ausschließende Einzelnheit es ist, welche sich in dies Verhältnis legt und hingibt, dessen Wahrheit und Innigkeit (die subjektive Form der Substantialität) somit nur aus der gegenseitigen ungeteilten Hingebung dieser Persönlichkeit hervorgeht; diese kommt zu ihrem Rechte, im Andern ihrer selbst bewußt zu sein, nur insofern das Andere als Person, d. i. als atome Einzelnheit, in dieser Identität ist» (Hegel 1970, S. 313).

Aber auch in den bäuerlichen Milieus kam es in Deutschland nach dem Dreißigjährigen Krieg zu starken Veränderungen. Die Arbeitsteilung zwischen dem Mann und der Frau änderte sich durch das Aufkommen der Heimarbeit. Jürgen Kuczynski beschreibt im zweiten Band der *Geschichte des Alltags des deutschen Volkes*, dass es nicht selten vorkam, dass der Mann nach der Feldarbeit «klassische Frauenarbeiten» wie Kochen und Fegen übernahm, während die weiblichen Mitglieder des Hauses spannen und webten (Kuczynski 1996, S. 221 ff.). Zu Beginn der Neuzeit werden die Beziehungen der Geschlechter langsam aber stetig verändert. Für die Betroffenen wahrscheinlich unmerklich verändern sich so auch Liebesbeziehungen, das Verhältnis zur Sexualität und die Ehe. So begann am Ende des 16. Jahrhunderts ein Wandlungsprozess im Bürgertum hin zu einer Familienplanung, der erst im 18. Jahrhundert in Europa weitgehend vollzogen war. Die Zeitspanne, die zwischen der Geburt zweier Geschwister lag, verdoppelte sich zum Beispiel in Genf zwischen 1650 und 1750. Das korrespondiert zeitlich mit dem Aufkommen der «Mutterliebe». Aber die Gefahr für die Frau, bei der Geburt zu sterben, spielte scheinbar auch eine Rolle. «Die Schwangerschaftsverhütung war deshalb vermutlich eine erste Konsequenz der Intimisierung in der Gattenpaarbeziehung» (Rau 1990, S. 460). Die Veränderung der gesellschaftlichen Stellung der Frauen in Adel und Bürgertum und die aufkommende Liebesehe signalisieren auch ein Ende der passiven Rolle der Frau beim Sex. Zu den häufigsten Verhütungsmethoden gehörte der

Koitus Interruptus. «Die Verbreitung des coitus interruptus als Moment der Familienplanung macht das Ehepaar zur decision making unit, die Kontrolle des Mannes korrespondiert mit der Achtung vor der Frau und der gemeinsamen Verantwortung gegenüber Familie und Ehe» (Mühlfeld 1986, S. 94, zit. n. Rau 1990, S. 461). Die Verbindung von Individualität und Respekt als gesellschaftliches Ideal ist seitdem nie zur herrschenden gesellschaftlichen Realität geworden, aber auch als Ideal bewirkte es eine Veränderung der Moralvorstellungen und auch der Wirklichkeit vieler Ehen und Familien.

Die Grundlagen für die bürgerliche Ehe und Kernfamilie, wie wir sie im westeuropäischen Verständnis kennen, waren bis zum 18. Jahrhundert gelegt. In England, den Niederlanden und Frankreich begann der Prozess früher als zum Beispiel in Deutschland, wo die Veränderungen erst am Ende des 18. Jahrhunderts vollzogen wurden. Die urbanen Zentren waren jetzt durch Industrie geprägt, die die ständischen Strukturen ablösten. Der Agrarsektor verlor an Bedeutung. Ein Leben, in dem Produktions- und Reproduktionsbereich räumlich voneinander getrennt waren, prägte zunehmend das gesellschaftliche Leben. Die freie Wahl der Gattin oder des Gatten und die wieder zunehmende Bedeutung des Ehevertrages gegenüber der kirchlichen Kontrolle der Ehe entsprachen den Grundideen des Liberalismus. Susanne Rau sieht in der Institutionalisierung der Liebe in der Ehe den Beleg für «den Untergang der Ständegesellschaft, in der die Familiengründung eindeutig festgelegt sein mußte, da mit ihr die Reproduktion der Stände, bzw. der Besitz- und Machtverhältnisse einherging» (Rau 1990, S. 452).

Die Polarisierung der Geschlechter entsprach der Arbeitsteilung unter den Bedingungen der Trennung von Produktion und Reproduktion. Wobei in der Begründung der Dualität entlang der Geschlechterkonstruktionen nun «wissenschaftliche» Begründungen zunehmend die religiösen ergänzten oder ersetzten. Die Kirche als ideologischer Träger der Unauflöslichkeit der Ehe behielt auf dieser Ebene ihre normative Funktion. «Die Väter des Bürgerlichen Gesetzbuches (und dass dieses Kind nur Väter hat, ist gewiss kein

Zufall) schreiben noch gegen Ende des 19. Jahrhunderts, als es in der Familie schon vernehmlich kriselte, die Ehe als eine weit oben schwebende, in sich begründete Institution fest, an der insbesondere auch die Eheleute selbst nicht zu rütteln und zu kritteln haben. «Der christlichen Gesamtanschauung entsprechend», heißt es da (wie abgeschrieben aus dem funktionalistischen Theoriebilderbuch, Seite allgemeiner Wertehimmel), «geht der Entwurf davon aus, dass im Eherecht ... nicht das Prinzip der individuellen Freiheit herrschen darf, sondern die Ehe als eine vom Willen des Gatten unabhängige sittliche und rechtliche Ordnung anzusehen ist» (Beck/Beck-Gernsheim 1990, S. 12).

«Der Sturm und Drang[41], der seinen Höhepunkt zwischen 1770 und 1780 hatte, setzte gegen die ‹kalte Vernunft› der Aufklärung das Irrationale, das Gefühl und die Kraft, die schöpferische Freiheit der genialen Persönlichkeit» (Schenk 1987, S. 123). So waren bevorzugte Themen der literarischen Epoche Sturm und Drang die Liebe eines Mannes zu einer verheirateten Frau, der Mann zwischen zwei Frauen, also «Ménage à trois», und die «Doppelliebe» bzw. «Doppelehe». Diese Themen spielten auch in den persönlichen Erfahrungen der Autoren eine zentrale Rolle. «Leidenschaften, Triebe, Instinkte sollten alle eingrenzenden Regeln sprengen und sich nach ihrer eigenen inneren Dynamik entfalten» (Schenk 1987, S. 123). «Doppellieben» waren meist sogenannte «Seelenfreundschaften», womit die Ehe als Institution als solche nicht in Frage gestellt wurde. Hingegen geriet das Muster der paarförmigen Exklusivität auch hier in Zweifel. Es entstanden Utopien zu freier Liebe.

Zum ideologischen Fundament der bürgerlichen Ehe und Kernfamilie wurde an der Wende vom 18. zum 19. Jahrhundert dem gegenüber zunehmend das Ideal der romantischen Liebe. Die «vernünftige Ehe» als ein Produkt der Aufklärung war nur für einen Übergang zur propagierten Norm gewor-

41 Das Menschenbild des Sturm und Drang war ein sehr männliches, von Männern entworfen, auf Männer zugeschnitten. Es war eine Bewegung von Literaten und Studenten Ende des 18. Jahrhunderts, benannt nach dem Drama von Friedrich Maximilian Klinger «Sturm und Drang» (1776).

den und die Utopien des Sturm und Drang mussten besonders in Deutschland den konservativen Ideen der Romantik weichen.

Im 19. Jahrhundert sollte in der Liebesehe die sexuelle Leidenschaft mit der ehelichen Bindung von Mann und Frau zu einer Einheit verschmelzen. «Romantisch Liebende zeigen sich gewöhnlich überzeugt, im geliebten Anderen den – von Gott oder vom Schicksal – für sie Bestimmten (wieder-) gefunden zu haben, mit dem verschmolzen sie ein heiles Ganzes werden.» (Timmermanns et al. 2004, S.142) Es ging um Heilung und Erlösung durch eine Person des jeweils anderen Geschlechts. Genau dadurch wurde aber auch der Besitzanspruch der Liebenden aneinander jenseits religiöser Doktrin legitimiert und begründet.

Laut Pieper und Bauer wurde das Sexuelle in das Intime umgedeutet. Folglich gehörte Intimität ausschließlich in die Ehe und wurde gegenüber Dritten abgegrenzt. Liebe wird das Wichtigste im Leben. «Alle anderen werden wertlos und verlieren an Bedeutung (Höchstrelevanz). Romantische Liebe beschränkt sich auf die eine Einzigartige. Einzigartigkeit besteht hier jedoch nicht unabhängig von der Liebe. Denn erst die Liebe verleiht dem Anderen seinen speziellen Glanz» (S. 143). Dadurch, dass die romantische Liebe diese Einzigartigkeit allen Mitgliedern der Gesellschaft verspricht, wird sie auch ein Teil der Durchsetzung moderner Individualität.

Aus zwei «glänzenden» Personen wird in der sich bildenden Ideologie der bürgerlichen Familie das Beziehungsglück. Das Versprechen höchsten Glücks ist mit dem Ideal einer solchen Liebe eng verbunden. Romantische Liebe wird zu einer allgemeinen Norm und, da sie mit dem Verständnis der Paarbeziehung in Zusammenhang steht, auch zur Monogamie-Norm. Daraus resultiert die romantische Zweierbeziehung. Indem die romantische Zweierbeziehung zur herrschenden Voraussetzung für eine Eheschließung wird, verliert diese dabei scheinbar ihre rationalen Gründe. «Weil die Liebe Einzigartigkeit verleiht, kann Einzigartigkeit nicht ihr Grund sein. Romantische Liebe ist grundlos. Wo nach Gründen gefragt wird, besteht bereits Grund zum Verdacht» (S. 143). In diesem Prozess wird die höfische Liebe allgemein zugänglich gemacht und gleichzeitig von asexuellen Elementen befreit.

Die Sicherheit des Patriarchen, dass die Kinder, die die Frau gebärt, von ihm gezeugt wurden, wird ergänzt durch die Notwendigkeit, den Partner oder die Partnerin zu besitzen. Der Verlust der Einheit des Menschen, wie wir sie in Platons Symposion genau so finden wie in der Schöpfungsgeschichte der Bibel, wird hier durch den Besitz am anderen Menschen scheinbar überwunden. Grundlage dieser Notwendigkeit ist die Denkform einer Gesellschaft, in der der Warentausch die beherrschende Form der Verteilung gesellschaftlicher Güter ist: Auch das romantisierte Gegenüber wird als mein Eigentum gedacht. «Eine «Wahlverwandtschaft» von Liebe und Eigentum entsteht (was einem gehört, kann per se allen anderen nicht gehören), wie Niklas Luhmann[42] es betont.

Waren die moralischen Wochenschriften des 18. Jahrhunderts von wesentlicher Bedeutung für die ideologische Ausrichtung auf die «vernünftige Liebe», so ist mit der deutschen Romantik eine ganze Kulturepoche prägend für die romantische Liebe. In der Romantik wurden Defizite der bürgerlichen Ehe thematisiert, ohne sie grundsätzlich in Frage zu stellen. Zunächst diskutierte eine Minderheit der gebildeten, «müßigen» Schichten eine Beziehung, in der zwei Personen mit all ihren psychischen Dispositionen aufeinander fixiert sind. Die romantische Zweierbeziehung setzte eine Sichtweise der Beziehung zwischen Mann und Frau, die bis heute die Vorstellung der Liebe prägt. Die irrationale Liebe wurde zum Grund für die Ehe. Der wissenschaftlichen Betrachtung der Aufklärung und der revolutionären Gestik des Sturm und Drang wurde eine Poetisierung der Beziehungen entgegengesetzt. Der mit der Aufklärung verstärkte Drang, durch Naturwissenschaft die menschlichen Beziehungen zu kontrollieren und so verwaltbar zu machen, wurde durch diese Poetisierung und Romantisierung kritisiert. Besonderer li-

42 Pieper/Bauer verweisen hier auf Tyrell, Hartmann (1987): «Romantische Liebe – Überlegungen zu ihrer ‹quantitativen Bestimmtheit›», in: Dirk Bäcker et al. (Hrsg.): Theorie als Passion. Niklas Luhmann zum 60. Geburtstag. Frankfurt/Main S. 570–599.

terarischer Vorreiter der Romantik war Friedrich Schlegel mit seinem Roman *Lucinde* (1799). Das Wesentliche für den romantischen Liebesbegriff ist das Einssein von seelischer und sinnlicher Liebe. «Liebe überhöht den oder die Geliebte(n), verwandelt ihn/sie in Quellen von Möglichkeiten, wo andere nur Fettpolster, Barthaare und (wortreiche) Sprachlosigkeit bemerken» (Beck/Beck-Gernsheim 1990, S. 22). Nach Schlegels Auffassung bedarf der wahre Ehebund der Formalität der Eheschließung nicht. Wo Liebe ist, da entsteht Treue von selbst. Treue kann durch äußeren Zwang nicht hergestellt werden. Die hier gemeinte Treue bezieht sich auf das Sexuelle und prägt bis heute den Treuebegriff. Nicht die freie Liebe im Sinne promisken Partner_Innenwechsels wurde von der Romantik propagiert, sondern die Einheit von Ehe und Liebe. «Die Liebe ist eins mit der Treue», schrieb Schlegel in *Lucinde* (Schlegel 1985, S. 144). Würde dieser Satz heute im Gegensatz dazu in einem Buch über Polyamory zu finden sein, wäre mit Treue die Treue zu sich selbst gemeint, die sich in Offenheit und Ehrlichkeit dem geliebten Menschen gegenüber äußert. «Die romantische Liebe ist die große, wahre und einzige Liebe, die den Menschen ergreift, wenn er auf den Menschen trifft, der allein zu ihm passt» (Schenk 1987, S. 129). Oder, wie Niklas Luhmann es begründet: «Liebe bezieht sich auf Liebe, sucht Liebe, wächst in dem Maße, als sie Liebe finden und sich selbst als Liebe erfüllen kann» (Luhmann 1994, S. 36).

In *Lucinde* wurde erstmals in der abendländischen Geschichte eine Vorstellung von Liebe formuliert, die alle bisher als widersprüchlich empfundenen Elemente in sich vereinigte: die geistig-seelische und die sexuell-sinnliche, die freundschaftlich-kameradschaftliche und die leidenschaftliche. Diese Liebe sollte nicht nur die Lebensgemeinschaft herstellen, sondern sie auch auf Dauer tragen. «Wer romantisch liebt, liebt fürs Leben. So will es das Konzept. […] Romantische Liebe sucht ihre Erfüllung darin, miteinander alt zu werden und doch ewig jung zu bleiben. Man will – und soll – verliebt sein fürs ganze Leben» (Bartholomäus 2004, S. 144). Auch wenn ein solcher Satz an Diotimas Belehrung des Sokrates erinnert, ist es doch mit der ehelichen Konsequenz das genaue Gegenteil der Transzendenz der platonischen Liebe. Die Verbindung einer solchen Liebe mit einem Ehevertrag lässt die «Erzeugung und Geburt im Schönen» auf den harten Boden des bürgerlichen Vertragsrechts aufschlagen.

Ein solches Ideal der Liebe stellt nicht nur eine große Herausforderung an die Menschen dar, sie ist vielfach eine Überforderung. Scheidungsgründe und psychische Erkrankungen, die durch diese Herausforderung begründet sind, belegen diesen Sachverhalt nur zu gut. «Der Gott der Privatheit ist die Liebe. Wir leben im Zeitalter des real existierenden Schlagertextes. Die Romantik hat gesiegt, die Therapeuten kassieren» (Beck/Beck-Gernsheim 1990, S. 21). Dabei ist die Kritik an der auf romantischer Liebe basierenden Ehe so alt wie diese Vorstellung selbst. So kritisierte Hegel, als Anhänger einer vernünftigen Ehe, eine solche Vorstellung: «Die dritte ebenso zu verwerfende Vorstellung ist die, welche die Ehe nur in die Liebe setzt, denn die Liebe, welche Empfindung ist, läßt die Zufälligkeit in jeder Rücksicht zu, eine Gestalt, welche das Sittliche nicht haben darf. Die Ehe ist daher näher so zu bestimmen, daß sie die rechtlich sittliche Liebe ist, wodurch das Vergängliche, Launenhafte und bloß Subjektive derselben aus ihr verschwindet» (Hegel 1970, S. 305).

1835 verfasste Karl Gutzkow (1811–1878) eine Vorrede zur Neuausgabe von Schleiermachers *Vertraute Briefe über Schlegels Lucinde* (erstmals erschienen 1800). In dieser Vorrede prägte er die Schlagworte «freie Wahlumarmung» und «Emanzipation des Fleisches» und plädierte damit für voreheliche Geschlechtsverkehr, der allein von der Genialität der Liebe bestimmt sein dürfte. Er verbat sich damit jegliche kirchliche und staatliche Einmischung in die Sexualität. Der Wiederaneignung der Ehe als privater Vertrag haftete von Anfang an die Gründung der Ehe auf Grundlage der Verliebtheit an. Die Idee des bürgerlichen Individuums, das sein Miteinander in Verträgen mit dem Gegenüber regelt, versucht hier ein irrationales Gefühl in rationale Ketten zu binden. Dabei wurden die patriarchalen Familienstrukturen beibehalten. Die Ehe als monogame dauerhafte Bindung blieb bis ins 20. Jahrhundert weitgehend unangetastet. «Eine Begegnung in einem Liebesverhältnis hätte sich über die Schranken der Konfession und der Herkunft hinwegsetzen müssen, um allein zu prüfen, ob der geliebte Mensch für ein dauerhaftes Eheverhältnis in Frage kommt. Dies aber schließt u. U. ein Scheitern mit einem Partner ein und verlangt neue Versuche. Diese Realisation der höchstpersönlichen Kommunikation, nach unserem heutigen Verständnis, hätte grundlegend mit der damaligen Ordnung und dem damit verbundenen Denken der Menschen gebrochen» (Rau 1990, S. 462). Diese Begründung greift unseres Erachtens zu kurz: Die Subversivität einer freien Liebe, die noch weit über die von Susanne Rau formulierte «Partnerwahl» hinausgeht, war für die Machtverhältnisse der bürgerlichen Gesellschaft eine Bedrohung, da sie eine Infragestellung patriarchaler Strukturen darstellte und die Familie als Ort der Reproduktion zerstört hätte. «Das Wilde und mitunter Böse der Romantik entpuppt sich also in gewisser Weise als Papiertiger – derart, daß es in das bürgerliche Subjekt irgendwie integriert wird» (Klotter 1999, S. 13).

5.6 Erste Gegenentwürfe

Dass Modelle freier Liebe entworfen wurden, die den subversiven Part der Liebe weitertrugen, ist allerdings ein historischer Fakt. So löste Claude Henri de Saint-Simon (1760–1825) mit seinen Gedanken zur freien Liebe im Paris der 1830er Jahre erst einmal heftige Diskussionen aus. Diese führten in fortschrittlichen Kreisen auch zur Veränderung von Beziehungspraxen. Die Ideen der freien Liebe beeinflussten auch die bürgerlich-revolutionären Kreise des deutschen Vormärz. Es ist auffällig, dass sich besonders viele Frauen in der Zeit des Vormärz zu Wort meldeten. Sie verlangten eine frei gewählte Liebesehe oder ein selbstbestimmtes Leben allein als echte Alternative zur Zwangsehe.

Die Frauenrechtlerin und Schriftstellerin Louise Aston (1814–1871) veröffentlichte 1846 ihren Gedichtband *Wilde Rosen* und bekannte sich damit öffentlich zur freien Liebe.

Sie galt als Prototyp der Emanzipierten und schockierte z. B. die Öffentlichkeit, als sie in den Jahren vor der 1848er-Revolution in Männerkleidung, rauchend und ohne Begleitung durch die Straßen Berlins spazierte. In späteren Jahren sahen sich Anhängerinnen der gemäßigten Frauenbewegung immer wieder genötigt, sich nachdrücklich vom freizügigen Lebenswandel Louise Astons zu distanzieren. Das Muster der paarförmigen Exklusivität wurde auch literarisch in Zweifel gezogen und es entstanden utopische Romane zur freien Liebe. Eine dieser Utopien veröffentlichte Wilhelm Heise 1787. In seinem Roman *Adringhello und die glückseligen Inseln* verbindet er die Utopie von freier Liebe mit einer frühsozialistischen Vision des Zusammenlebens, das ohne Privateigentum, hierarchische Arbeitsteilung und Geschlechterhierarchien auskommt.

Es waren Frühsozialisten wie Charles Fourier (1760–1837), die mit ihrer Forderung nach Abschaffung der Ehe (Fourier bezeichnete sie als Mitgiftgeschäft) diese Verbindung ebenfalls herstellten. Fourier förderte unter anderem die Möglichkeit von Mehrfachbeziehungen und die Einrichtung von nicht-monogamen Gruppen, sogenannter Liebeskooperationen. Sein zentraler Gedanke: die Offenlegung aller Liebesbeziehungen, die Betrug und heimliche Untreue unmöglich machen sollte. Er plädierte dafür, dass Frauen wie Männer ab dem 18. Lebensjahr emanzipiert werden sollten, um eine Liebesvolljährigkeit zu erhalten. Es waren Karl Marx (1818–1883) und Friedrich Engels (1820-1895), die Fouriers Arbeiten eine «meisterhafte Kritik der Ehe» nannten (Marx/Engels 1972, S. 208) und im Manifest der Kommunistischen Partei die Aufhebung von Ehe und Prostitution als einen Sieg des Eros gesehen hätten: «Man könnte höchstens den Kommunisten vorwerfen, dass sie an Stelle einer heuchlerisch versteckten eine offizielle, offenherzige Weibergemeinschaft einführen wollten» (Marx/Engels 1974, S. 478). Die bis heute propagierte Dreieinigkeit von Liebe, Sexualität und Lebensform (Ehe), die in der Prostitution und Ehe als Zugriff auf den weiblichen Körper herrscht und dabei als Liebe geheuchelt wird, findet hier eine kritisch komprimierte Zukunftsvorstellung. Dass die beiden Klassiker des historischen Materialismus auch nur ansatzweise die «offenherzige Weibergemeinschaft» als «polyamoröse» Utopie gedacht haben, ist mehr als zweifelhaft. Ihre Gedanken von Befreiung wären aber so konsequent zu Ende gedacht.

Ende des 19. Jahrhunderts wurden in Deutschland die sozialistische Kritik an der bürgerlichen Ehe und der utopische Gegenentwurf der freien Liebesehe im Sozialismus von August Bebel (1840–1913) und Friedrich Engels noch einmal zusammengefasst. Für Bebel wie für Engels war die bürgerliche Ehe Zwangsehe, die nicht aufgrund freier Liebeswahl, sondern ökonomischer Nutzungserwägungen zustande komme. Dies könne sich erst dann ändern, wenn die Frauen ökonomisch eigenständig und nicht mehr von der Ehe als Versorgungsinstitut abhängig seien. Trotzdem lebten die meisten bekannten Sozialisten in durchaus bürgerlichen Ehen.

In den 20er Jahren des 20. Jahrhunderts war es die russisch-jüdische Anarchistin Emma Goldman (1869–1940), die den Begriff der freien Liebe populär machte. Candance Falk, die in *Liebe und Anarchie* den Briefwechsel zwischen Emma Goldmann und Ben Reitmann zu einer Biographie werden lässt, lässt sie auch über Polyamory nachdenken: «Als Emma einmal Modell stand, konnte er (Fedja) sich nicht länger beherrschen. Er verließ fluchtartig das Zimmer, und Emma hörte ihn im Nebenraum heftig schluchzen. Als sie ihn zur Rede stellte, gestand er ihr seine Liebe. Nur seine Furcht, Sascha zu verletzen, hätte ihn bisher daran gehindert, ihr dies zu sagen. Nun aber ginge es nicht mehr, und er müsse wohl ausziehen. Nun merkte Emma, dass auch sie in Fedja verliebt war. Aber war das möglich? Konnte man zwei Menschen gleichzeitig lieben, fragte sie sich. Sie beschlossen, Sascha von ihrer Liebe zu erzählen und so ihre gemeinsame Überzeugung, dass Liebe weder exklusiv noch mit Besitzdenken verbunden sein dürfe, zu testen» (Falk 1987, S. 32f.). Die Forderung nach freier Liebe wurde allerdings von wenigen Frauen (und noch weniger Männern) erhoben. Selbst in der anarchosyndikalistischen Bewegung, die sich stark in der Sexualreformbewegung engagierte, blieb die

Idee der freien Liebe randständig. Trauchen Caspers[43], eine der wenigen Vertreterinnen, schrieb 1926 in *Der Syndikalist* dementsprechend vorsichtig: «Man kann häufig beobachten, dass der Mann auf Grund seiner Vormachtstellung die Frau zwingt, sich unterzuordnen, obwohl er weiß, dass ihre Liebe andere Wege geht. Diese Handlungsweise ist ebenso gemein wie die eines Wüstlings, der ein wehrloses Mädchen vergewaltigt. Diese Gier nach dem alleinigen Besitz einer Frau ist barbarisch und ein schreiender Gegensatz zu der so viel gerühmten Gleichberechtigung der Frau! Kameradinnen! Kämpft und erzwingt Euch das Recht auf Liebe!» (Caspers 1926, zit nach Kan/Nelles 1986, S. 317). Sie sprach auch schon ein Thema an, das auch in Polyamory-Zusammenhängen bis heute eine zentrale Rolle spielt: «Proletarische Ideenmenschen brechen den Verkehr ab, wenn sie sich nicht mehr genügen, sind jedoch Kinder da, so werden sie nicht auseinandergehen, sondern dieselben gemeinsam erziehen. Ihren Geschlechtstrieb aber werden sie dort befriedigen, wohin sie ihre Liebe zieht» (Casper 1926, zit. nach Klan/Nelles 1986, S. 317). Dem Artikel hatte sie einen eigenen Vers vorangestellt:

Frei sei die Liebe, keine Kette binde
die Hände, die der freie Wille fügt.
Vielleicht, daß einst das Auge Dir, das blinde,
die Wahl des ersten heißen Fühlens rügt.

So verschieden auch die angesprochenen Strömungen seit der Aufklärung waren, sie kritisierten die Ehe im Namen der Liebe – eine für Kirche, Staat und die neu entstandene bürgerliche Familie selbst gefährliche Idee. Von dieser Idee ging allerdings eine große, bis heute wirkende Anziehungskraft aus. Zur Norm wurde die Ehe dennoch als Lebensweise, gegründet auf dem Gefühl Liebe und als Hort der Reproduk-

43 Leider haben wir bei unseren Recherchen lediglich feststellen können, dass Trautchen Caspers Mitglied in der Freien Arbeiterunion Deutschlands (FAUD) und dem Syndikalistischen Frauenbund (SFB) war und in Süchteln im Rheinland gelebt hat. Wahrscheinlich war sie von 1925–1930 Betriebsrätin in einem Textilbetrieb. «Sie lebte in Beziehungen Freier Liebe mit mehreren Männern (und nach 1931) verliert sich ihre Spur» (Klan/Nelles 1986, S. 310).

tion. Die Teilung der Gesellschaft in einen intimen, emotionalen und reproduktiven Teil sowie einen herzlosen, unpersönlichen und produktiven Teil, entspricht der Anbindung der Liebe an die Ehe und die Familie.[44] Die Veränderung der Prostitution von einer Maßnahme, die der «Befriedung» der Jugend diente zur privatwirtschaftlichen Reproduktion der Ware Arbeitskraft als familienbegleitende Dienstleistung, fand statt im Zusammenhang mit dem Weg der Liebe in die Ehe hinein. Diese Dienstleistung und das «Fremdgehen», welches sich ja zumeist im Bekanntenkreis abspielt, legen allerdings nahe, dass die Ehe nicht halten kann, was sie verspricht.

5.7 Die Liebe wird zu Markte getragen

Für Sexarbeiter_Innen ist es notwendig, Liebe und Sexualität zu trennen, um ihren Beruf ausführen zu können. Dieser tägliche Vorgang belegt nicht nur die Möglichkeit dieser Trennung, sondern zeigt auch, wie die Marktgesellschaft den Verlust von Galanterie und Humor bewirkt, wie wir ihn zum Beispiel im Hotel Dieu finden konnten. Hier herrscht die kaltherzige Ökonomie des Marktes, während es in der Familie empathisch und liebevoll zugehen soll.[45] Die Aufgaben der materiellen Reproduktion werden dabei zunehmend vom Markt übernommen. Die Beziehungen, ob mit oder ohne Trauschein, sollen durch Nächstenliebe und Em-

44 Ein Kennzeichen der Postmoderne ist allerdings, dass mit der Ausweitung des Dienstleistungssektors, der Professionalisierung von Pflegeberufen sowie der Ausweitung und Ökonomisierung öffentlicher pädagogischer Maßnahmen und dem Abbau von Arbeitsteilung in vereinzelten Bereichen der Produktionssphäre diese Aufteilung abzunehmen scheint.

45 Die Galanterie und der Humor, auf die wir uns hier beziehen, unterscheiden wir deutlich von den Eigenschaften, die all das kennzeichnen, was heute als «Spaßgesellschaft» verstanden wird. Während in der «Spaßgesellschaft» oberflächliche Emotionen marktförmig zugerichtet und sich jenseits jeglichen kritischen Bewusstseins befinden, ist hier die hintersinnige Kritik an dem Bestehenden gemeint, die allerdings auch Spaß bereiten kann.

pathie vor allem die Funktion der emotionalen Reproduktion übernehmen.

Die Ehe wurde in den dreihundert Jahren vom 17. bis ins 20. Jahrhundert säkularisiert. Ähnlich wie bei der Sexualität ist die Kontrolle von der Beichte zur Therapie übergegangen. Nicht mehr beim Gang in den Beichtstuhl muss reflektiert und formuliert werden, was getan wurde, sondern die Therapiesitzung ist nun der Ort, an dem reflektiert und formuliert wird. Was Foucault in seiner Auseinandersetzung mit der Repressionshypothese – nach der das Sprechen über Sexualität unterdrückt wird –, beschreibt, kann auch für das Dispositiv der Liebe beschrieben werden (Foucault 1977, S. 25–49). Ratgeber haben die moralischen Wochenzeitschriften und den romantischen Roman abgelöst. Natur- und Sozialwissenschaften, Sozialarbeiter und Therapeuten haben die Kontrolle von der Kirche übernommen. Und da, wo die Kirche sie noch ausübt, arbeitet sie mit Methoden der säkularisierten Kontrolle. Dem entspricht, dass die romantische Liebe von der «partnerschaftlichen Liebe» ersetzt oder ergänzt wird (Giddens 1993). Dominant auch bei Ratgebern sind bis in die 60er Jahre des letzten Jahrhunderts biologistische Vorstellungen.[46]

Der Biologismus, der bis heute die «herrschende Meinung» darstellt, fußt in der Aufklärung und hat in der Eugenik zu Beginn des 20. Jahrhunderts seine repressivste Form entwickelt. «Weit verbreitet um die Jahrhundertwende ist der Glaube an den Niedergang der Menschheit durch ‹Entartung› und ‹Degeneration›. Vor allem die Popularisierung des Sozialdarwinismus durch Ernst Haeckel in Deutschland führt zusammen mit dem Natur- und Fortschrittsglauben zu der Ansicht, die Menschheit ‹hinaufpflanzen› zu können, indem sich nur die ‹gesunden› und ‹gesellschaftlich wertvollen› Menschen fortpflanzen, während es den ‹entarteten› Menschen nahegelegt wird, auf Nachkommen zu verzichten: Eugenik, die Lehre von der ‹guten› Erbveranlagung» (Institut

46 Als Biologismus wird eine Herangehensweise bezeichnet, die menschliche Verhaltensweisen und/oder gesellschaftliche Zusammenhänge vor allem durch biologische Gesetzmäßigkeiten zu erklären versucht.

für Sexualwissenschaft 2009). Der Nationalsozialismus nahm die Ideologie der Eugenik auf, verband sie als «Rassenhygiene» mit Rassismus, Antisemitismus und Homophobie und machte sie zum Teil seines mörderischen Systems.[47]

Der Rückzug in die Kleinfamilie nach dem Zweiten Weltkrieg in der Bundesrepublik Deutschland war ein ideologisch begründeter Rückzug in ein spießig enges Privatleben, aber er war widersprüchlich. Dieser Rückzug resultierte auch aus der Verdrängung der Mitverantwortlichkeit für den Holocaust. Er bedeutete vor allem auch ein Wiedererstarken der christlichen Moralvorstellungen (Herzog 2005, S. 127ff.). Doch wie in Zeiten des Umbruchs war nach der Befreiung vom Nationalsozialismus – der von der Mehrheit der Deutschen eher als Niederlage empfunden wurde – die Lebensform Kleinfamilie in Frage gestellt, durch ihre eigene materielle Basis. Um die romantische Zweierbeziehung als ihre Grundlage aufrechtzuerhalten, waren immense ideologische Anstrengungen notwendig. Die Notwendigkeit dieser Anstrengungen war keine Antwort auf eine formulierte Kritik des Alleinvertretungsanspruchs der monogamen Ehe, sondern das Ergebnis des Scheiterns vieler dieser Beziehungen. Gründe waren sowohl die verrohenden Kriegserfahrungen der Männer als auch das Selbstbewusstsein der Frauen, die in den Kriegsjahren klassische Männertätigkeiten übernommen hatten. Der Krieg wurde als Grund gesehen, der die romantische Zweierbeziehung zerstört hatte. In der Zeitschrift «Liebe und Ehe, eine aktuelle Zeitschrift für Mann und Frau», schrieb 1952 ein H. Schürmann, die «Umwälzungen der Kriegsjahre hätten bei nahezu allen Deutschen die Fähigkeit zerstört, romantische Beziehungen einzugehen» (Schürmann, zit. n. Herzog 2005, S. 84). Doch es gab keine gesellschaftliche Diskussion, ob zu solch romantischen Zweierbeziehungen vielleicht auch nach Alternativen Ausschau gehalten werden solle. Zu fest waren die ideologischen Fesseln, die eine solche Fragestellung unterbanden.

47 In den sechs Jahren von 1933 bis 1939 wurden im Nationalsozialismus 300.000 Menschen aus «eugenischen Gründen» sterilisiert.

So «lief das romantische Ideal der fünfziger Jahre auf eine wunderbare, monogame Ehe mit Kindern hinaus (nicht zu vielen), wo nur der Mann verdiente und die Frau sich um das Heim kümmerte – ein erheblicher Umbruch, nachdem Sexualität in den Jahrzehnten zuvor in so vielfältiger Weise aus dem familiären Rahmen herausgefallen war. Zumal das Ideal weithin nicht realisierbar war. Die Hälfte der Frauen arbeitete außer Haus, Millionen Männer waren tot, viele Ehen wurden geschieden, besonders wenn die Paare durch Krieg und Kriegsgefangenschaft getrennt gewesen waren. Bezeichnenderweise fiel die scheinbare Unschuld all der Ausführungen zu diesem Ideal mit einer Reihe von Gesetzen zusammen, die die psychische und wirtschaftliche Abhängigkeit der Ehefrauen von ihren Männern festschrieben» (S. 146).

Die Jugendbewegung der 60er Jahre opponierte gegen diese Kleinfamilie als Ort repressiver Praktiken. Vor allem die Isolation des Paares, die repressive Sexualmoral, die geschlechtsspezifische Aufgabenzuweisung und Rollenprägung sowie die autoritäre Kindererziehung wurden an der traditionellen Ehe und Familie kritisiert. Die monogame Ehe wurde als «Ehe-Gefängnis» skandalisiert, die «Monotonogamie» als «ökonomische Zwangsveranstaltung» und «erniedrigende Verhaltensvorschrift für lebendigen Besitz» (Schrader-Klebert 1969, S. 25). Die Kritik an den herrschenden Vorstellungen von Ehe- und Liebesleben, die an Vorstellungen des 19. Jahrhunderts anknüpften, wurde über die radikalisierten Teile der Jugend hinaus bis in große Teile der Sozialdemokratie hinein geteilt. «Dementsprechend hob der Bundestag am 9. Mai 1969 nicht nur den Straftatbestand des Ehebruchs auf (und die anachronistische «Erschleichung des außerehelichen Beischlafs»), sondern auch die Strafandrohung für homosexuelle Handlungen von Männern über 21 Jahren» (Herzog 2005, S. 272).

In dieser Zeit wandelt sich auch die Auffassung von romantischer Liebe. Die «heftige und verderbliche Leidenschaft» und das «eher in Amerika anzutreffende veredelte Bild von Liebe, nämlich als Begegnung zweier verwandter Seelen, die ihr Leben miteinander teilen» verliert an Gewicht

(Illouz 2005, S. 84). Das Liebesleben bekommt mehr den Charakter des Ludus, der verspielten Liebe, bei der sich die Paare an den zunehmenden Angeboten des Konsums gemeinsam vergnügen.

Vor allem in studentischen bzw. bürgerlich-akademischen Kreisen wurde mit anderen Lebensformen experimentiert, die häufig nur von kurzfristiger Dauer waren. Micheler beschreibt in einem Beitrag der *Zeitschrift für Sexualforschung*, dass sich die Lebens- und Beziehungspraxen der Aktivist_Innen vielfach nicht allzu sehr von der bürgerlichen Kleinfamilie und deren Normenkomplex unterschieden, und sie daher die Kritik zum Teil wieder revidierten. Jedoch sind aus dieser Zeit nicht-monogame Lebensformexperimente wie die offene Ehe oder Hippie-Kommunen entstanden. Auch haben Wohngemeinschaften einen selbstverständlichen Platz in der Gesellschaft gefunden, die sich als beliebte und anerkannte Wohnform vor allem für den Lebensabschnitt der Spätadoleszenz etabliert haben (Micheler 2000). Wir können heute feststellen, dass Lebensformen wie Wohngemeinschaften und Wohnprojekte lange nicht mehr nur dieser Altersgruppe überlassen sind.

Die Kleinfamilie war zentrale Lebensform der Industriegesellschaft und Reproduktionsagentur des fordistischen Produktionsregimes.[48] Die Bewegung vor allem der Studierenden war auch die Forderung nach dem Ausbruch aus der fordistischen Eintönigkeit wie auch ein Ausdruck der Erschöpfung dieses Produktionsmodells. Der starre Fordismus war an seine produktiven Grenzen gestoßen und in den

48 Der Begriff «Fordismus» taucht vermutlich zuerst bei Antonio Gramsci auf, der sich auf die Produktion von Automobilen in den 1920er und 30er Jahren in den USA bezieht und der besonderen Form der tayloristischen Arbeitszerlegung und spezifischen Strategien der intensiven Akkumulation von Kapital. Mit dieser Produktionsweise ist auch ein besonderes Stadium gesellschaftlicher Entwicklung gekennzeichnet, das durch verallgemeinerbare Merkmale wie keynesianisch-wohlfahrtstaatlicher Klassenkompromiss, nationalstaatlich regulierte Ökonomie, alltagsweltliche Trennung von Arbeitszeit und Freizeit, Fabrik und Wohnort, von Produktion und Konsum sowie Konformität als Haltung und das Modell der auf Dauer gestellten Kernfamilie gekennzeichnet war.

hochindustrialisierten westlichen Gesellschaften wurde ab Mitte der siebziger Jahre durch flexiblere Arbeitsorganisationen versucht, zusätzliche Produktivitätszuwächse zu realisieren. Im so entstandenen postfordistischem Produktionsregime wuchsen die Anforderungen an Flexibilität.[49] Selbstbestimmung und Selbstverwirklichung wurden zu den Schlagwörtern der Individualisierung und die Beziehungsnormen wurden weniger starr. Zu der – zumindest nach außen – intakten, auf Dauer angelegten Kleinfamilie gesellt sich nun eine Pluralisierung und Flexibilisierung von Lebensformen. Das Primat der Selbstverwirklichung und der Imperativ zu «autonomer» Lebensgestaltung werden vorherrschend. Dabei bleibt die in der Verliebtheit gegründete langfristige monogame Beziehung das normative Ideal. Im Kern ist dieser Widerspruch die Grundlage für die Auflösung vieler dieser Beziehungen, die somit als Scheitern verstanden wird.

Nichteheliche Lebensgemeinschaften der Gegenwart sind Ausdruck eines schon Jahrhunderte andauernden Individualisierungsprozesses, der Ehe und Familie tiefgreifend verändert. «Sie sind», so Schenk, «nur ein Anzeichen dafür, dass unser historisch gewachsenes Eheverständnis in einem Wandlungsprozess begriffen ist, der es erforderlich macht, unsere juristischen und unsere moralisch-ethischen Vorstellungen von der Ehe zu revidieren und sie aufs neue mit der Wirklichkeit der gelebten Paarbeziehungen in Einklang zu bringen» (Schenk 1987, S. 14).

Das Ideal der romantischen Liebe wird dabei vor allem in akademischen Milieus zunehmend von der Vorstellung einer

49 Wir benutzen den Begriff «Postfordismus», wohl wissend, dass der Begriff umstritten ist. Gemeint ist die Phase, die der Krise des Fordismus seit den 1970er Jahren in den kapitalistischen Zentren folgte. Die Stellung der industriellen Fertigung verliert in den USA, Europa und Japan an Bedeutung, entsprechend an Gewicht gewinnt der sich ausweitende Dienstleistungssektor. Durch den Bedeutungszuwachs des Finanzkapitals kommt es zu einer beschleunigten Globalisierung. Digitale Kommunikationstechnologien halten Einzug, Konkurrenzverhältnisse zwischen den einzelnen Wirtschaftsstandorten werden zentral. Tendenzen von Entstandardisierung und Flexibilisierung kennzeichnen nicht nur die Produktionsweise, sondern auch die neuen Modi der Vergesellschaftung.

«partnerschaftlichen Beziehung» ersetzt. Gleichzeitig wird der Raum geöffnet für eine Abfolge oder ein Nebeneinander leidenschaftlicher Affären oder eine Vielzahl von Liebesbeziehungen. Die Vorstellungen über die Dauer und Exklusivität der Beziehungen wurden seit den 60er Jahren verschoben und gelockert. Vor allem das Jugendalter wird jetzt als eine Zeit des Ausprobierens und der Suche verstanden. Die Idee der romantischen Liebe ist dabei nicht vollständig verabschiedet worden, es geht eher darum, eine Person zu finden, die als die «richtige» bezeichnet wird. Poly-Beziehungen und Diskussionen darüber werden zunehmend als Zeichen autonomer Lebensgestaltung und des Willens zur Selbstverwirklichung offener artikuliert und gelebt. Nichtmonogame Lebensformen müssen seit der sexuellen Revolution der 1960er Jahre immer weniger im Verborgenen stattfinden.

Cornelia Koppetsch weist zu Recht darauf hin, dass eine partnerschaftliche Beziehung, in der per Vertrag die gegenseitigen Verpflichtungen festgeschrieben werden, dem Ideal der romantischen Liebe widerspricht (Koppetsch 2005, S. 96 ff.). Ähnlich wie es die Gräfin de Champagne schon im 12. Jahrhundert bemerkte, widerspricht das, was aus Liebe getan wird, den Verpflichtungen, die eine Ehe mit sich bringt. Der Einwand, dass es ja auch die Möglichkeit gibt, dass eine Verpflichtung nicht ausschließt, das Geforderte auch aus Liebe zu tun, wurde auch schon im 12. Jahrhundert formuliert. Wahrscheinlich schien es damals so absurd, weil eine solche Möglichkeit nicht den Erfahrungen der an der Diskussion Beteiligten entsprach. Heute ist die Verbindung von Verpflichtung und Verliebtheit sicherlich auch ein Grund, warum eine Beziehung als gescheitert gilt, wenn der Verpflichtung nicht mehr aus Verliebtheit nachgekommen wird.

Ein wesentlicher Unterschied ist, dass die Verpflichtungen nicht mehr von Dritten festgelegt werden, sondern dass sie den Gepflogenheiten des bürgerlichen Rechts folgen. Der romantischen Liebe ist es (wie auch anderen Stilen der Liebe) zu eigen, dass Sie keinerlei Ansprüche stellt (S. 97). Die Marktgesellschaft, die die Vertragskultur der Ehe regelt, ist vom Tauschdenken gekennzeichnet, das unweigerlich Ansprüche formuliert. Ob dies, wie Koppetsch annimmt, eine wesentliche Ursache für die Krise der Ehe ist, erscheint uns allerdings fraglich. Denn wir können – wenn sie denn funktioniert – beobachten, dass der Phase der Verliebtheit die partnerschaftliche Beziehung folgt. Dass also innige Liebe und Partnerschaft auf einander folgen.

Ehe und Familie stehen nach wie vor in der Bundesrepublik Deutschland unter besonderem Schutz der staatlichen Ordnung. Dies ist im Grundgesetz im Art. 6, Abs. 1 geregelt. Ein Anreiz zur legalen Ehe besteht auch im 21. Jahrhundert vor allem in finanzieller Hinsicht. So bietet der Staat materielle Anreize in Form von Steuervorteilen. Die Regulierung der Lebensformen hat einen unmittelbaren ordnungspolitischen Charakter, auch wenn die Arbeitsteilung in reproduktive und produktive Arbeit in den Metropolen nicht mehr so eindeutig – wie in der Regel in der fordistischen Moderne – entlang der Geschlechtergrenzen verläuft. Die Beibehaltung der Privilegien der Ehe, die auf Grundlage der Verliebtheit der Eheleute zustande kommt, soll weiterhin die vorherrschende und «normale» Form der Reproduktion dieser Gesellschaft darstellen.

Auch der symbolische Akt der Eheschließung hat seinen magischen Charakter weitgehend verloren. Die Hochzeit als eindrucksvolles Fest und der Wunsch, der Beziehung so zusätzliche Stabilität zu verleihen, steht im Vordergrund. Darin sehen wir auch einen Versuch, die stabile Zweierbeziehung als Schutzraum gegenüber der Vereinsamung in der Individualisierung zu privilegieren.

Die heteronormative Norm wird allerdings von größer werdenden Teilen der Bevölkerung in Frage gestellt. Ausdruck dafür ist auch die Rücknahme der Klage der bayrischen Landesregierung gegen das Adoptionsrecht für gleichgeschlechtliche Paare im August 2009. Bei einer Umfrage von *Welt online* sprachen sich im gleichen Monat bei über 50.000 abgegebenen Stimmen 62 % der Abstimmenden gegen eine solche Gleichberechtigung aus (Welt online 2009). Die Auffassungen über sexuelle Orientierungen, die Vorstellungen von Lebensformen und die Frage der Monogamie werden allerdings je nach Milieu sehr verschieden bewertet. Es macht einen sehr großen Unterschied, ob wir uns unter LOHAs bewegen oder in einem Milieu, das von hoher Arbeitslosigkeit oder Niedrigsteinkommen, Verschuldung, mangelnder Bildung und fehlender Aussicht auf eine Verbesserung der Situation gekennzeichnet ist.[50] Während der Diskurs unter LOHAs von einem toleranten Individualismus geprägt ist, der in der Selbstverwirklichung seinen kategorischen Imperativ hat, ist in sogenannten «bildungsfernen Schichten» häufig eine intolerante Haltung z.B. gegenüber sexuellen Orientierungen jenseits der Heteronormativität an der Tagesordnung. Dort ist dagegen die Vorstellung, eine romantische Zweierbeziehung zur Ehe werden zu lassen, bis der Tod sie scheidet, sehr verbreitet, obwohl die gesellschaftliche Praxis gerade dort ein diametral entgegengesetztes Bild abgibt. Das gilt insbesondere für die Reproduktionsaufgaben gegenüber den Kindern. Dass die Situation für eine erlebnisreiche und geschützte Kindheit in Zusammenhängen der LOHAs wesentlich eher gegeben ist als in ärmeren Zusammenhängen, ist leicht nachzuvollziehen, obwohl damit lediglich eine Tendenz benannt werden kann. Wenn wir uns im übernächsten Kapitel den Zukunftsaussichten zuwenden, ist die Einbeziehung des Milieus bei der Betrachtung von Liebesbeziehungen aus diesem Grund ein wichtiger Baustein.

50 LOHA steht für «Lifestyle of Health and Sustainability», damit sind Menschen gemeint, die über ein hohes Einkommen verfügen, die hochwertigen Konsum mit Nachhaltigkeit verknüpfen und ihren Konsumismus als alternativ betrachten. In den USA werden sie auch als «Scuppie» bezeichnet: «socially conscious upwardly-mobile people». Im traditionslosen Arbeitermilieu herrscht dagegen Arbeitslosigkeit oder Niedrigsteinkommen, Verschuldung, mangelnde Bildung und fehlende Aussicht auf eine Verbesserung der Situation.

6. Jenseits der normalen Horizonte

EINMALIG
Nur ihn
sie liebt
nur ihn
von all den
x Milliarden
Menschen
dieser Erde
öffnet sie sich
nur ihm
weil nur er
sie versteht
ein x-
beliebiger Freund
aus ihrem Dorf
Arnfrid Astel

Im Grundgesetz der Bundesrepublik Deutschland ist es in Artikel 6 zu lesen: «(1) Ehe und Familie stehen unter dem besonderen Schutze der staatlichen Ordnung. (2) Pflege und Erziehung der Kinder sind das natürliche Recht der Eltern und die zuvörderst ihnen obliegende Pflicht.» Und in der allgemeinen Erklärung der Menschenrechte heißt es in Artikel 16: «(1) Heiratsfähige Frauen und Männer haben ohne Beschränkung auf Grund der Rasse[51], der Staatsangehörigkeit oder der Religion das Recht zu heiraten und eine Familie zu gründen. Sie haben bei der Eheschließung, während der Ehe und bei deren Auflösung gleiche Rechte. (2) Eine Ehe

51 Das Merkmal Rasse wird in der Antirassismusrichtlinie 2000/43/EG definiert und auch im Gleichstellungsgesetz verankert. Allen Protesten zum Trotz wird in der Bundesrepublik an dem Rassebegriff festgehalten. (Sow 2008, S. 74f)

darf nur bei freier und uneingeschränkter Willenseinigung der künftigen Ehegatten geschlossen werden. (3) Die Familie ist die natürliche Grundeinheit der Gesellschaft und hat Anspruch auf Schutz durch Gesellschaft und Staat.»

Obwohl es nicht ausdrücklich formuliert wird, diese juristischen Formulierungen tradieren in unserer Gesellschaft eine Norm: Vater, Mutter und Kinder. Das ist die Normalität, die in der herrschenden Meinung weiterhin als Familie und so auch als «natürliche Grundeinheit» angesehen wird. Diese verdient demgemäß eine privilegierte Behandlung durch den Staat. Die Vielfältigkeit der Beziehungen in der bundesdeutschen Gesellschaft wird zu Beginn des 21. Jahrhunderts nur unzureichend durch den juristischen Rahmen erfasst. In der gesellschaftlichen Realität, die mit diesem Rahmen de jure hergestellt wird, wird der rechtliche Rahmen dennoch zum diskursiven Werkzeug bei der Konstruktion dessen, was als Normalität in großen Teilen der Gesellschaft aufgefasst wird. Verbunden mit der Auffassung darüber, welche Lebens- und Liebesformen gesellschaftlich akzeptiert werden, sind die Gewährung von Privilegien auf der einen und die Androhung von Ausschlüssen und Bestrafungen auf der anderen Seite weiterhin machtvolle Instrumente der Disziplinierung. Die Wirklichkeit, die allerdings de facto gelebt wird, ist wesentlich vielfältiger und diese Disziplinierung wird in Milieus mit hohem kulturellen Kapital zunehmend von anderen Mechanismen überlagert.[52] Es hat einen Wandel gegeben, der vor allem durch die Zunahme von Alleinerziehenden und Patchworkfamilien geprägt ist: So stellte auch das Statistische Bundesamt in seinem Datenbericht für das Jahr 2008 fest, dass die Vielfalt der Beziehungen in unserer Gesellschaft zunimmt. «Grundlage für die Bestimmung von Lebensformen im Mikrozensus sind die sozialen Beziehungen zwischen den

52 Wir benutzen hier den Begriff des kulturellen Kapitals in Anlehnung an den französischen Soziologen Pierre Bourdieu. Gemeint ist in diesem Zusammenhang vor allem die erworbene Bildung, also die Verinnerlichung von Kultur durch die familiäre Erziehung, der Besuch bestimmter Schulen und dadurch angeeignetes Wissen und ein entsprechender Bildungsstand, aber auch die Verfügung über kulturelle Güter, wie Bücher, Musik usw..

Mitgliedern eines Haushalts. Eine Lebensform kann aus einer oder mehreren Personen bestehen. Zu den Lebensformen zählen Ehepaare, nicht eheliche (gemischt geschlechtliche) und gleichgeschlechtliche Lebensgemeinschaften, allein erziehende Elternteile sowie allein stehende Personen [...]. Seit 1996 ist die Zahl der Ehepaare deutschlandweit – mit Ausnahme von 1997 – um 920.000 zurückgegangen. Dabei war die Zahl der westdeutschen Ehepaare innerhalb der betrachteten zehn Jahre um 395.000 rückläufig. In Ostdeutschland war der Rückgang um 525.000 Ehepaare etwas stärker ausgeprägt. In Deutschland ist die Zahl der Lebensgemeinschaften seit 1996 um rund ein Drittel (+ 32 %) auf 2,4 Mill. im Jahr 2006 gestiegen [...] So genannte ‹alternative› Lebensformen außerhalb der Ehe sind mittlerweile eine feste Größe in den Lebensarrangements der Bevölkerung. Die größte Gruppe stellen in diesem Zusammenhang ‹Singles› dar. So leben in den alten Bundesländern 8 % der Personen und in den neuen Bundesländern 9 % ledig und allein in einem Haushalt» (Krieger, Sascha/Weinmann, Julia 2008, S. 27 f.). Insbesondere bei der Gruppe der sogenannten Singles sagt dies nichts über das Liebesleben aus.

Trotz dieser so auch amtlich festgestellten Veränderung, ist die monogame Ehe und die Kleinfamilie nicht nur gesetzlich an herausragender Stelle geregelt, sondern aus der gesellschaftlichen Realität wird eine Beziehungsform herausgegriffen, um andere bei dem weitaus größten Teil der Menschen als unnatürlich und damit letztlich als weniger wertvoll erscheinen zu lassen. Ehe und Kleinfamilie haben dabei nicht nur normativen Charakter, die Auffassung, dass sie natürlich oder wahlweise gottgegeben sind, ist weiterhin herrschende Ideologie. Wir haben im letzten Kapitel aufgezeigt, in welch kurzem historischen Rahmen sich diese Ideologie durchgesetzt hat. Dass diese Ideologie die Psyche bei der überwältigenden Mehrheit der Menschen in Europa immer noch beherrscht, zeigt folgende Untersuchung: Frigga Haug und Ulrike Geschwandtner veröffentlichten 2006 eine Auswertung von 473 Aufsätzen von Schülerinnen und Schülern verschiedener Schultypen in Deutschland und Österreich. Dabei ging es um die Perspektive der Jugendlichen, wie sie sich ihr

Leben in zwanzig Jahren vorstellen würden. Geschwandtner und Haug kamen dabei auch zu folgendem Resumé:

«‹Die Familie ist in, die WG ist out›, titelte das *Neue Deutschland* im Juni 2002 einen Beitrag über den Mikrozensus des Statistischen Bundesamtes. Dies können wir auch den Aufsätzen der Jugendlichen entnehmen. Nur sehr wenige Jungen und Mädchen stellen sich vor, allein zu leben; nur zwei Mädchen in Deutschland wohnen perspektivisch in einer WG; in Österreich können sich dies die Jugendlichen überhaupt nicht vorstellen. Fast alle Übrigen haben eine Familie bestehend aus Mann, Frau und zwei Kindern (fast immer wird erwähnt, dass es ein Junge und ein Mädchen sind). Es gibt auch Familien mit nur einem Kind, ein Junge plant gar elf Kinder. Insgesamt ist die gewünschte Kinderzahl der österreichischen Schülerinnen und Schüler höher als jene der deutschen. Manchmal kommt eine Ehe ohne Kind vor, zudem gibt es einige allein erziehende Mütter, wenige allein erziehende Väter. Einige der Mädchen leben mit dem Vater ihrer Kinder unverheiratet zusammen und nennen ihn Freund, weil ‹die Heirat Streit bedeutet› oder sie ganz einfach so gegen Heiraten sind. Im Großen und Ganzen aber ist die Sache klar: Die Mehrheits-Perspektive ist Kleinfamilie, das verheiratete Paar mit zwei Kindern» (Haugg, Geschwandtner 2006, S. 21).

Auch bei diesen Jugendlichen wird eine historisch entwickelte Erscheinung zur anthropologischen Konstante, zum Wesen menschlichen Zusammenlebens.

Ein fundamentaler Bestandteil dieser Ideologie ist die bereits beschriebene «romantische Liebe» als Grundlage der Eheschließung. Auch wenn die Reproduktionsarbeit der Frau zunehmend nicht mehr als natürlich angesehen wird, haben unsere Untersuchungen gezeigt, dass viele männliche Jugendliche diese Arbeiten noch immer der zukünftigen Ehefrau zuweisen (Schröder 2004, S. 64). Zu dieser Vorstellung von Arbeitsteilung gehören auch weiterhin die Vorstellung von Monogamie und Heterosexualität. Auch wenn die Reproduktion und ihre Lebensformen als Stützpfeiler der kapitalistisch-industriellen Produktion und Gesellschaftsorganisation heute in den fortgeschrittensten Ökonomien einen starken Wandel erfahren, erscheint es doch so, dass «sowohl die Norm der Heterosexualität als auch die der Monogamie […] in das Fundament dieser Lebensform [bürgerliche Ehe] eingeschrieben» wurden (Pieper/Bauer 2005, S. 60). Die Trennung der Sphären von Produktion und Reproduktion und die Zuordnung der männlichen Tätigkeit zur Produktionssphäre und die der weiblichen zur Reproduktionsarbeit sind ungebrochen. Die Vereinigung des Männlichen und des Weiblichen in der romantischen Liebesbeziehung stellt zugleich den Wunsch nach der Überwindung dieser Trennung dar. Die alles vereinende Liebesbeziehung bedeutet in der Vereinigung auch die Aufhebung der Arbeitsteilung. Gleichzeitig findet diese Aufhebung im privaten Bereich statt. Diese Normalität wird nicht bewusst wahrgenommen. Die Entfremdung von den Produkten in der Produktionsarbeit wie auch die Isolierung in der Reproduktion werden in der romantischen wie in der partnerschaftlichen Zweierbeziehung scheinbar überwunden. Die Intimität, die dadurch entsteht, wird als natürlich und so als normal empfunden.

Folglich gehört Intimität bei dieser Sichtweise ausschließlich in die Ehe und wird gegenüber Dritten abgegrenzt. Dadurch liefert sie den Kitt, mit dem diese Mono-Norm zusammengehalten wurde und wird. Die Kritik an der Eheschließung als einem Vertragsabschluss in der romantischen Literatur und die Propagierung einer Gemeinschaft, die allein durch Liebe hergestellt wird, unterstreicht die vermeintliche Natürlichkeit dieser Beziehung. Die Ernüchterung gegenüber dieser Romantik und der Trend zur «partnerschaftlichen Ehe» nehmen allerdings vor allem in Westeuropa zu. In Frankreich, wo es die Möglichkeit gibt, Partnerschaften zwischen Männern und Frauen eintragen zu lassen, ähnlich dem Eintrag von zwei Menschen gleichen Geschlechts in der Bundesrepublik Deutschland, machen immer mehr Paare davon Gebrauch.[53]

Lebensentwürfe und die Auffassungen darüber, was als Normalität erscheint, sind in der Folge der Bewegungen

53 Da in der Bundesrepublik Deutschland lediglich zwei Menschen gleichen Geschlechts eine «Eingetragene Lebenspartnerschaft» ermöglicht wird, verhindert das Gesetz bewusst eine solche Praxis.

in der gesellschaftlichen Wirklichkeit hochindustrialisierter Staaten seit den 60er Jahren des letzten Jahrhunderts wesentlich vielfältiger geworden. Jedoch können wir die Gesellschaft weiterhin als ein patriarchales System beschreiben, in der es eine dominante Auffassung darüber gibt, was als normal gilt. Dabei ginge es jedoch an der Wirklichkeit vorbei, bestimmte gesellschaftliche Dominanzsysteme als homogene Folien für Lebensformen innerhalb dieses Systems zu verwenden. Die Formen von Familie, Kinderaufzucht und Beziehungen sind mannigfaltiger als die verschiedenen Machtgefüge und ökonomischen Grundlagen der jeweiligen Gesellschaften. Patriarchale Systeme sehen in Mitteleuropa anders aus als in der arabischen Welt. Aber auch innerhalb Europas sind die Lebensformen sehr verschieden, sowohl nach Religion, Milieu als auch nach der Region, in der die Menschen leben. Dennoch können wir grundsätzliche Unterschiede zwischen patriarchalen und matrilinearen, matrilokalen Systemen feststellen.[54] Diese Unterschiede haben auch einen großen Einfluss auf die Hierarchien und Eingrenzungen des Liebeslebens. Alle Forschungen, die sich mit matrilinearen Gesellschaften auseinandergesetzt haben, stellen fest, dass die Hierarchien in diesen Gesellschaften horizontaler sind als in patriarchalen Gesellschaften (Bornemann 1970, Göttner-Abendroth 1998, Herzog 2001, Rentmeister 1985). Jedoch ist auch bei diesen Gesellschaften zu beachten, dass sie sehr unterschiedlich organisiert sein können. Gerard Moussay, französischer römisch-katholischer Priester, der in zwei verschiedenen matrilinearen Gesellschaften lebte, sagte Cillie Rentmeister in einem Interview, aus dem sie 1985 zitiert: «Das matrilineare System der Minangkabu als auch das der matrilinearen Cham, bei denen ich gelebt habe, kennen so unglaublich viele Variationen – wenn man

54 Wir wählen an dieser Stelle den Begriff matrilinear, da die Gesellschaften, die im Folgenden betrachtet werden, nicht unbedingt als Frauenherrschaft beschrieben werden. Sondern die Verwandtschaftsverhältnisse werden in diesen Gesellschaften in weiblicher Linie definiert. Matrilokal sind diese Gesellschaften, da der Mann zur Frau zieht, beziehungsweise der Wohnort der Frau derjenige ist, an dem sich Frau und Mann treffen (Rentmeister S. 32).

nur schon die lokalen Abwandlungen betrachtet. [...] Man entwickelt bei Studien oft die Tendenz, zu sehr systematisieren zu wollen (Moussay, zit. n. Rentmeister 1985, S. 46). Dass es in solchen Gesellschaften auch eine bestimmte «Normalität» gibt, widerspricht diesem Variationsreichtum nicht. Ein Teil des Variationsreichtums ist auch auf den Einfluss kolonialer Mächte zurückzuführen. Cillie Rentmeister stellt in ihren Interviews fest, dass es vor allem die Restriktionen sind, die durch den Einfluss monotheistischer Religionen auf diese Gesellschaften wirken, die eine große Auswirkung auf die Vielfalt dieser «Normalitäten» entwickeln (Rentmeister 1985, S. 45ff.). Auch fehlt in vielen der matrilinearen Gesellschaften ein schriftlich fixiertes Rechtssystem, das eine Normalität gegenüber anderen privilegieren würde, wie wir es zu Beginn dieses Kapitels beschrieben haben.

6.1 Es geht auch anders

Die Vielfalt der Lebensformen ist groß und reibt sich stark an den global herrschenden Normalitätsvorstellungen. Es gibt Gesellschaften, in denen schon lange vor den 60er Jahren des letzten Jahrhunderts Androgamie (Mann-Mann-Beziehung) oder Gynäogamie (Frau-Frau-Beziehung) zur gesellschaftlichen Normalität gehörten. Bei den Kwakiutl, einem Volk an der Nordwestküste Kanadas, «heiratet» zum Beispiel ein Mann, der an den an einen bestimmten Häuptling gebundenen Privilegien teilhaben möchte, den ältesten Erben des Häuptlings (Harris 1989, S. 160). «In Afrika gibt es viele Beispiele dafür, dass Frauen weibliche ‹Ehemänner› heiraten – die Dahomey sind der bekannteste Fall. Eine Frau, die gewöhnlich selbst bereits mit einem Mann verheiratet ist, zahlt für eine Braut den Brautpreis. So wird die Brautpreiszahlerin zu einem ‹weiblichen Ehemann›. Nun gründet sie eine eigene Familie, indem sie ihre ‹Ehefrauen› mit ausgewählten Männern schlafen und schwanger werden lässt. Die aus diesen Verbindungen entstehenden Kinder gehören dem ‹weiblichen Vater›, nicht ihrem biologischen Genitor» (Harris 1989, S. 159 f.).

Gesellschaften, in denen es die Norm ist, dass eine Frau mit einem Mann eine langfristige Beziehung auf der Basis von leidenschaftlicher Liebe eingeht, sind in der Geschichte der Menschheit eine Ausnahme gewesen. Auch heute lebt die Mehrheit der Menschen nicht dauerhaft monogam und es werden Ehen jenseits romantischer Zweierbeziehungen geschlossen. Die tatsächlich gelebte Praxis ist auch in den europäischen Gesellschaften trotz oder gerade auf Grund der herrschenden christlich-bürgerlichen Weltanschauung ebenfalls alles andere als monogam. In den meisten patriarchalen Gesellschaften wird zudem eine geschlechtsspezifische Moral gepflegt, nach der den Männern größere sexuelle Freiheit zugestanden wird als den Frauen. Auch in diesem Fall wird häufig biologistisch argumentiert und der Sexualität der Frauen eine weit größere «natürliche» Gefühlsanbindung zugeordnet. Da natürlich, ist eine solche höhere Gefühlsbindung eben auch normal. Dass die Isolation in der Reproduktion andere Auswirkungen auf die Psyche hat als die Entfremdung in der Produktion, wird nicht einmal in Erwägung gezogen. Darüber hinaus ist die Performativität solcher immer wiederholten Aussagen nicht zu unterschätzen.

Bekannt sind vor allem polygene Gesellschaften, in denen ein Mann mit mehreren Frauen eine Beziehung führt. Polygynie ist in vielen Teilen Afrikas verbreitet; sie ist anzutreffen in islamisch geprägten Staaten wie auch bei einigen verschiedenen indigenen Völkern in Nord- und Südamerika und in der Volksrepublik China. Historisch war sie auch im Judentum und bei den skandinavischen Völkern verbreitet. Nach der Christianisierung Skandinaviens wurde die Polygynie noch Jahrzehnte als «More danico» (nach dänischer Sitte) von der Katholischen Kirche geduldet. Martin Luther wollte Adeligen ebenfalls das Recht auf mehrere Frauen einräumen und berief sich dabei auf die Bibel. All diese Gesellschaften zeichnen sich durch autoritäre, patriarchale Strukturen aus. Die Anzahl der Frauen sagt mehr über die Macht und den Reichtum des Mannes aus, als dass hier von Liebesbeziehungen gesprochen werden kann. Die Vorstellungen darüber, was normal ist, richtet sich an der patriarchalen Struktur dieser Gesellschaften aus. Bekannt sind diese Gesellschaften wohl nicht nur, weil sie häufiger als polyandrische Gesellschaften anzutreffen sind, sondern auch, weil für viele Menschen in den Gesellschaften, die durch eine Doppelmoral geprägt sind, in der den Männern größere sexuelle Freiheiten zugestanden werden, solche Beziehungen eher als normal angesehen werden.

Polyandrische Beziehungen, in denen Frauen eine Beziehung zu mehreren Männern haben, werden meist auf die soziale Notwendigkeit einer Geburtenkontrolle zurückgeführt. «Am häufigsten ist die sogenannte adelphische oder fraternde Polyandrie, bei der die Frau mit mehreren Brüdern verheiratet ist. Diese Form schränkte die Zahl der Nachkommen drastisch ein. Und so wundert es nicht, dass sie in ländlichen Gesellschaften, in denen es an Vielem mangelt, beheimatet ist, etwa im Himalaja, in Indien, Zaire und im nördlichen Nigeria» (Jamin/Vögeli 2005, S. 131). Die Sichtweise, dass die Fruchtbarkeit des Landes in agrarischen Regionen über die Lebensformen entscheidet, geht wohl auf August Bebel zurück. In «Die Frau und der Sozialismus» geht er 1883 auf Polyandrie und Polygamie ein: «Üben heiße Länder, wie allgemein anerkannt ist, einen sehr stimulierenden Einfluss auf den Geschlechtstrieb aus, weshalb gerade in heißen Ländern die Vielweiberei ihre Hauptverbreitung hat, so dürften kalte Länderstriche, und dazu gehören hohe Gebirgsländer, sehr erheblich restringierend auf den Geschlechtstrieb einwirken. Auch tritt erfahrungsgemäß eine Konzeption seltener ein bei Frauen, die mit mehreren Männern kohabitieren. Die Bevölkerungszunahme ist daher bei der Polyandrie eine schwache und passt sich der Schwierigkeit der Gewinnung des Lebensunterhaltes an, die in kalten Ländern und im Hochgebirge vorhanden ist. Damit wäre bewiesen, dass auch in diesem uns so fremdartig erscheinenden Zustand der Polyandrie die Art der Produktionsweise auf die Beziehungen der Geschlechter von maßgebendem Einfluß ist» (Bebel 1974, S. 77 f.). Bebel hielt dies für eine wahrscheinliche Möglichkeit, sagte allerdings, dass die Herkunft der Polyandrie «unaufgeklärt» sei (Bebel 1974, S. 77). Interessant ist zudem, dass er dieses Thema im Kapitel «Überreste des Mutterrechts in den Sitten verschiedener Völker» behandelt

(Bebel 1974, S.73 ff.). Wir gehen davon aus, dass Bebel in dem Zitat eher die Produktivität einer Gesellschaft als ihre Produktionsweise meinte. Er bezieht seinen Ausdruck ja auf die Kargheit des Hochgebirges. Die Art und Weise, wie produziert wird, ist in diesen agrarischen Gesellschaften unmittelbar mit der Lebensform verbunden.

Wir haben bereits bei der Definition verschiedener Beziehungsformen aufgezeigt, welche Möglichkeiten der Beziehungen bestehen. An dieser Stelle möchten wir zwei erforschte Beispiele von vor allem matrilinearen, matrilokalen Gesellschaften geben, die heute noch existieren oder bis ins 20. Jahrhundert hinein bestanden haben. Dies vor allem um der Frage nachzugehen, ob die bereits angedeuteten horizontaleren Hierarchien in diesen Gesellschaften zu einer geringeren Disziplinierung von Liebesbeziehungen führen, die nicht als «normal» angesehen werden, oder ob eine mit unserer Gesellschaft vergleichbare «Normalität» überhaupt nicht zu beobachten ist. Das ist für die Fragestellung, wie eine andere Gewichtung von Liebesstilen möglich ist, nicht uninteressant, da verschiedene Autorinnen und Autoren, die sich mit Gesellschaften, in denen solche Beziehungen zur gesellschaftlichen Normalität gehören, dort eine andere Gewichtung der Liebesstile ausmachen.

6.2 Wenn Väter nur auf Besuch kommen

Eine der Gesellschaften, auf die sich auch Bebel bezieht, praktiziert die sogenannte Besuchsehe, bei der (in der Regel) der Mann nur zu Besuchen (oft nur für eine Nacht) bei einer Frau weilt. Diese Form der Ehe ist üblich in vielen matriarchalen bzw. matrilinearen Gesellschaften, dort allerdings häufig neben anderen Formen der Lebensstile. Als Beispiel für eine solche Besuchsehe führen wir im Folgenden das Volk der Mosuo in China, im Himalaja-Gebirge, an. Die Region, in der die Mosuo leben, wird bezeichnenderweise auch «Land der Töchter» genannt.

Bei den Mosuo nehmen die Frauen eine Führungsrolle im Familienleben ein, das Eigentum wird über die weibliche

Linie weitergegeben und Frauen führen die Geschäfte. Die Männer sind allerdings für die öffentliche politische Debatte zuständig. Die Mosuo leben traditionell in Clans mit mehreren Generationen in einem gemeinsam genutzten Gebäude, in dem lediglich Frauen ab einem bestimmten Alter ein «privates» Schlafzimmer nutzen können.

Bis in die fünfziger Jahre wurde die sogenannte Kreuzheirat zwischen vier Clans betrieben, wobei die Ehen von den Clanmatriarchinnen arrangiert wurden. Daneben gab es die Besuchsehe: Eine Frau, die sich für einen Mann interessiert, kann diesen zu sich nach Hause einladen, um die Nacht mit ihm im privaten Schlafzimmer zu verbringen. Der Mann begibt sich am Abend zum Haus der Frau, verbringt die Nacht dort und kehrt frühmorgens zu seiner Familie zurück. In der Sprache der Mosuo wird von einer Azhu- oder Axiao-Beziehung gesprochen. Seit den fünfziger Jahren versuchte die KP Chinas die monogame Ehe einzuführen. Dabei wurde das System der Kreuzheirat abgeschafft, aber die monogame Ehe konnte sich nicht durchsetzen, so dass heute das Prinzip der Besuchsehe praktiziert wird, das die Mosuo-Frauen im Interview mit Heide Göttner-Abendroth allerdings als «freie Liebesbeziehung» bezeichneten (Göttner-Abendroth 1998, S. 104).

Eine Mosuo-Frau kann ihre Partner so oft wechseln wie sie möchte. Viele dieser Beziehungen sind allerdings langfristig. «Aber selbst wenn eine Beziehung langfristig sein sollte, wird der Mann nie bei der Familie der Frau wohnen oder umgekehrt. Er wird weiterhin mit seiner Familie wohnen und auch für diese sorgen, wie die Frau es mit ihrer Familie macht. Es gibt keine Teilung von Eigentum» (Hidden China 2009).[55]

Die Kinder werden im Haus der Mutter aufgezogen und übernehmen den Namen ihrer Familie. Daher ist es auch un-

---

55 Auf der Webseite des Schweizer Unternehmens «Hidden China», das Reisen in das «Land der Töchter» organisiert und den Versuch unterstützt, das reichhaltige kulturelle Erbe der Mosuo zu sichern, finden sich ausführliche Informationen zum Alltag dieser Kultur. http://www.hiddenchina.net/web/deu/projekt_mosuo_project.html (zuletzt besucht am 04.05.2009).

wichtig, wer der leibliche Vater eines Kindes ist. Die Männer tragen Verantwortung für die Kinder, die von den Frauen, mit denen sie zusammen in einem Haus leben, auf die Welt gebracht werden. «Somit wachsen Kinder mit vielen ‹Tanten› und ‹Onkel› auf, da alle Angehörige einer erweiterten Familie die Pflicht teilen, die Kinder aufzuziehen.

Dieses System ist äußerst stabil, auch wenn es noch so unterschiedlich zu anderen Systemen sein mag. Es gibt keine Scheidungen, keinen Streit um das Sorgerecht für die Kinder, keine Teilung des Eigentums usw. Stirbt ein Elternteil, kümmert sich die erweiterte Familie um die Nachkommen» (Hidden China 2009).

Ein weiterer Aspekt der Mosuo-Hausgemeinschaft, der im Zusammenhang mit dem Ausbrechen von patriarchalen Vorstellungen einer Familie der «Blutsverwandtschaft steht, besteht in einer besonderen Regulation zwischen den Häusern der Mosuo. So sind die Familien bemüht, dass möglichst gleichviele Frauen wie Männer in einem Haus zusammenleben. Wird dieses Gleichgewicht nicht eingehalten, da mehr Kinder eines Geschlechts geboren werden, so adoptieren Mosuo-Familien Kinder des entsprechend anderen Geschlechts oder die Haushalte tauschen Jungen und Mädchen aus» (Hidden China 2009).

Bei einer Besuchsehe entstehen scheinbar wenige materielle Abhängigkeiten, jeder Partner gehört weiter zur Familie der Mutter und ist über diese abgesichert. Kinder aus der Beziehung gehören zur Sippe der Mutter. Die Vaterschaft ist wenig bedeutend und so besteht auch nicht der Wunsch, sie eindeutig festzustellen. Die Fürsorge der Männer gilt vorrangig nicht den eigenen Nachkommen, sondern denen ihrer weiblichen Verwandten.

Die Liebesbeziehungen, die sich in der Gesellschaft der Mosuo ergeben, sind heterosexuelle Beziehungen. Als Heide Göttner-Abendroth Ende der neunziger Jahre die Möglichkeit hatte, im Süden Chinas mit Frauen und Männern aus der Mosuo-Gesellschaft Interviews zu führen, wurde sie gewarnt, keine Fragen zum Liebesleben zu stellen: «Bei den wissenschaftlichen Gesprächen mit den Mosuo-Ethnologen, wie auf der weiteren Hinreise waren wir mehrfach gewarnt

worden, das Thema des Azhu-/Axiao-Liebesleben der
anzuschneiden. Wir würden dann – so sagte man uns
kieren, dass wir abweisenden Mienen begegneten, die Gastfreundschaft zu Ende wäre und wir vielleicht mit Hunden davon gejagt würden» (Göttner-Abendroth 1998, S. 99). Die Forschungsgruppe schnitt dann dieses Thema auch nicht an. Als sechs jungen Mosuo-Frauen an einem Abend die Möglichkeit gegeben wurde, selbst einmal Fragen zu stellen, war allerdings ihre erste Frage: «Da wir in freien Liebesbeziehungen leben, möchten wir wissen, ob ihr das gut findet oder nicht!» (Göttner-Abendroth 1998, S. 99). Im Gespräch mit den Europäerinnen äußern die Mosuo-Frauen eine große Offenheit gegenüber heterosexuellen Beziehungen: «Es ist verständlich, daß Liebesbeziehungen in verschiedenen Situationen sich unterschiedlich gestalten» (Göttner-Abendroth 1998, S. 101). Auf die Frage nach dem Vorkommen von lesbischen Beziehungen in der Gesellschaft antworten sie (nach längerem Beratschlagen): « Wir haben in unserer Gemeinschaft bislang noch nichts davon gehört und wissen noch nicht einmal, was das ist» (Göttner-Abendroth 1998, S. 102). Dass es auch in matrilinearen Gesellschaften Tabus gibt, war zu erwarten, doch wie die Gründerin und Leiterin der «Akademie für Kritische Matriarchatsforschung und Matriarchale Künste» diese Antwort interpretiert, zeugt eher von sozialromantischen Scheuklappen als von kritischer Forschung: «Gleichgeschlechtliche Beziehungen wurden von ihnen ebenfalls rundweg verneint, es war nicht herauszufinden, ob sie diese nicht kannten oder ignorierten. Dieses Thema war tabu. Das ist keine Ausnahme bei einem matriarchalen Sozialgefüge, denn für liebevolle Zugewandtheit und selbstverständliche Zärtlichkeit zwischen gleichen Geschlechtern im Alltag, die sich in schwesterlicher und brüderlicher Körpersprache der Nähe ausdrückt, gibt es genügend Raum. Erotik zwischen gleichen Geschlechtern ist aber nicht inbegriffen. Vielleicht haben gleichgeschlechtliche Liebesbeziehungen in einer Gesellschaftsform, in welcher Erotik nicht tabuisiert und Zärtlichkeit nicht durch Berührungsängste verhindert werden, nicht unbedingt eine Funktion. Offenbar besteht für sie nicht – wie in unseren westlichen Industrienationen mit ihrer durch

Gewaltphantasien zerstörten Erotik und ihrer Zwangsheterosexualität – die Notwendigkeit, gleichgeschlechtliche Liebe als politische Gegenkultur zu leben und als sozialen Protest zu artikulieren» (Göttner-Abendroth 1998, S. 106). Es scheint, dass in der Mosuo-Gesellschaft etwas anderes als Normalität erscheint als «in unseren westlichen Industrienationen». Die Tatsache, dass die Frauen nur einen Liebhaber haben und es in der Situation, in der sich zwei Frauen in den gleichen Mann verlieben, zum Konfliktfall kommt, bei dem sich der Mann für eine der Frauen entscheiden muss, bezeugt neben der heterosexuellen Ausrichtung eine weitere Normalität dieser Gesellschaft. Jedoch können wir davon ausgehen, dass es auch dort eine Normalität gibt, die andere Lebensformen an den Rand der Gesellschaft drängt. In den Interviews wird die Frage nach dem Umgang mit abweichendem Verhalten verständlicher Weise ausgeklammert. Zum einen wohl aus Höflichkeit, aber vielleicht auch, um das Bild der heilen Welt nicht zu gefährden.

Ob die verschiedenen Formen der Liebe, wie wir sie eingangs entlang der sechs Spielarten nach John Alan Lee formuliert haben, bei den Mosuo eine Bedeutung haben, ist eine noch zu klärende Frage. Die «liebevolle Zugewandtheit» die Göttner-Abendroth und andere beschreiben, weist allerdings auf einen hohen Stellenwert von Storge und Agape hin. Der herzliche und uneigennützige Umgang miteinander scheint in diesen Gesellschaften jedoch das Leben der Menschen mehr zu prägen als in patriarchalen Gesellschaften. «Wir können nicht verstehen, warum bei Euch viele Familien offensichtlich in Disharmonie leben und die Menschen nicht hilfreich zueinander sind», sagt eine der jungen Mosuo-Frauen im Gespräch mit den deutschen Frauen. Auch die Mosuo kennen Konfliktsituationen, sicherlich auch innergesellschaftlich. Bekannt sind ihre Konflikte mit den sie umgebenden Gesellschaften: Ob es die tibetanischen Eroberungsversuche waren oder die Repressionen seitens der chinesischen Zentralregierung. Dennoch scheint das liebevolle Miteinander innerhalb der Gesellschaft stabil zu sein.

Sind die «freien Liebesbeziehungen», wie es die Mosuo-Frauen nennen, die einzige Beziehung, die ihre Gesellschaft prägt, so gibt es andere matrilineare Gesellschaften, in denen mehrere Lebensformen nebeneinander existieren und so quasi den Spielraum dessen, was als normal empfunden wird, vergrößern. Ein Beispiel dafür sind die Khasi in den Bergen von Assam in Nord-Indien: Eine Ackerbaukultur in der rund eine Millionen Menschen in 16 Clans mit mutterrechtlichen Strukturen lebt. «Die Vor- und Frühgeschichte der Khasi liegt aufgrund mangelnder Informationen weitgehend im Dunkeln. Die Verehrung einer Urmutter, Ka Meikha, in Sanskrit Kamakhya, die in den Status einer Göttin erhoben wurde und mit den Garo und Khasi in Verbindung gebracht wird, deutet auf ein frühes Matriarchat und eine Ansiedlung der Khasi in Assam hin.[56] Schon frühe geschichtliche Hinweise aus dem 5. Jahrhundert n. Chr. beziehen sich indirekt auf die Khasi; jedoch finden sich detailliertere historische Informationen über sie erst Jahrhunderte später. Es existieren Zeugnisse, die Assam Buranjis, die Hinweise auf Kontakte der Khasi zu anderen Völkern ab 1500 n. Chr. geben. Eine außergewöhnlich frühe Überlieferung stammt aus der Mitte des 8. Jahrhunderts n. Chr. Darin wird ein Königreich der Frauen erwähnt, welches sich erfolgreich der Invasion aus Kashmir nach Assam widersetzte» (Herzog 2001, S. 28 f.).

Die Clans sind in Sippen geordnet und diese wiederum in Familien, die ka iing. «Die iing besteht gewöhnlich aus zwei bis vier Generationen, in einigen Fällen allein aus Mutter und Kind. Erbin ist die jüngste Tochter» (Herzog 2001, S. 35).

Anders als bei den Mosuo wird die Besuchsehe bei den Khasi mehr und mehr durch andere Lebensformen abgelöst. Bei einigen Teilen der Khasi wird allerdings die Besuchsehe als ausschließliche Form der Ehe bis heute aufrechterhalten. Sie ist mit einer strikten Exogamie verbunden, das bedeutet, dass Mann und Frau aus verschiedenen Sippen kommen müssen. «Und in der Familie der Ehefrau heißt er noch heute bei den Khasi despektierlich u khun ki briew, ‹irgendjemandes anderen Sohn›, ein Fremder. Wenn es zuweilen passiert, daß der Mann gegen die Vorschriften seiner eigenen Familie verstößt, das Bestattungsritual mißachtet oder gar

56 Garo und Naga sind weitere Völker, die in Nordostindien leben.

– außerehelich – gegen das strikte Exogamiegebot verstößt und somit eine sang, eine Todsünde, begeht, kann er auch von seiner eigenen Familie exkommuniziert werden und ist dann zur Heimatlosigkeit verurteilt, dies bedeutet eine schwere Belastung für einen Mann, der dann nirgends eine Bleibe hat und sogar in der Furcht leben muß, daß er auch nach dem Tode heimatlos bleibt, weil seine Gebeine nirgends einen Ruheplatz finden» (Gerlitz 1984, S. 54f.). Hier wird deutlich, dass auch in matrilinearen Gesellschaften repressive Vorstellungen von Normalität herrschen, die die herrschende Vorstellung von der Sexualität und wohl auch darüber, wer sich in wen verlieben darf, festschreiben. Während feministische Forscherinnen wie Dagmar Herzog keine Herabwürdigung des Mannes durch die Besuchsehe sehen, bemängelt Peter Gerlitz in seiner Arbeit: «Religion und Matriarchat»: «Der Vater verdient es unter diesen Umständen nicht einmal, eine Bezugsperson genannt zu werden» (Gerlitz 1984, S. 56) .

Vor allem das Christentum, das die götterlose Religion der Khasi verdrängt, ist für den zunehmenden Wandel der gesellschaftlichen Wirklichkeit verantwortlich (http://matriarchat.net/welt/khasi.html). Heute sind bereits weit über die Hälfte der Khasi christlichen Glaubens. Anders als bei den Mosuo wird die Besuchsehe bei den Khasi mehr und mehr durch eine christliche Monogamie abgelöst. Die Matrilokalität wird dabei vielfach beibehalten. Vielfach werden dann sogenannte uxorilokale monogame Ehen geschlossen. In einer solchen Verbindung zieht das Brautpaar in das Sippenhaus der Braut.

Insgesamt gibt es fünf verschiedene Formen der Ehe bei Khasi: Neben der uxorilokalen und der Besuchsehe, die matrilokale Ehe, bei der der Ehemann zu seiner Frau zieht. In diesen Eheformen ist die Frau der Haushaltsvorstand. In der neolokalen Ehe wird ein neues Haus gebaut und Frau und Mann gelten als gleichberechtigt. In seltenen Fällen zieht die Frau in das Haus des Mannes (virilokale Ehe), «bei dem der Mann die vollen Rechte über sein Haus, seinen Besitz und seine Kinder hat» (Herzog 2001, S. 41–43). Die gesellschaftliche Realität ist hier geprägt durch den Übergang. Bei diesem ist es scheinbar normal, dass verschiedene Lebensformen nebeneinander existieren. Dies hat sicherlich auch einen Einfluss auf die verschiedenen Stile der Liebe. Allerdings legen die Beschreibungen von Gerlitz und Herzog – die auf diese Frage nicht eingehen – nahe, dass es sich bei diesen verschiedenen Lebensformen nicht um individuelle Entscheidungen handelt, wie sie als bürgerliche Freiheiten formuliert wären, sondern dass es vor allem regionale Unterschiede gibt, die sich aus dem Einfluss der jeweiligen Religionen erklären. Hier wird noch einmal deutlich, welche Rolle die Religion auf die unterschiedliche Bedeutung der verschiedenen Liebesstile für die Menschen spielt. Ebenso werden die einschneidenden Wirkungen dessen, was in einer Gesellschaft für normal gehalten wird, auf die Möglichkeiten zu lieben deutlich.

Das gilt auch für das Liebesleben am Anfang des 21. Jahrhunderts etwa in Deutschland mit den «normalen Horizonten» der Monogamie, hinter denen es weiter geht zur Polyamory. An welchen Stellen wird deutlich, dass sich die gewählte Lebensform von der in der Gesellschaft vorherrschenden Norm unterscheidet? Hier einige Beispiele:

Ob in der Familie oder in der Firma, zu manchen Gelegenheiten ist gern auch mal ein Partner oder eine Partnerin eingeladen oder das «Kommen in Begleitung» erwünscht. Doch wer denkt dabei an mehr als Eine/n? Wer soll mitgenommen werden? Wem sag ich ab? Wer mit zwei oder mehr Partner_Innen kommt, kann schnell zum Mittelpunkt der Aufmerksamkeit werden. Das Hochzeitspaar, die Eltern des Taufkindes oder die Chefin, die gerade die stolze Bilanz des letzten Jahres vorstellen möchte etc., sind davon vermutlich weniger angetan.

Wenn das Kind zum Elternabend im Kindergarten oder in der Schule gleich vier Erwachsene mitbringt, steht hier bestimmt weniger die Erziehung, die Berufe der Eltern oder sonstiger Smalltalk im Vordergrund. Die Erwachsenen, schlimmstenfalls das Kind, werden vermutlich recht schnell über sexuelle Orientierungen ausgefragt oder bekommen die großzügige «Erlaubnis» der anderen, so zu leben, wie sie leben, indem sie betonen, dass sie ja gar kein Problem damit haben.

Wie sieht es aus mit einem romantischen Dinner zu dritt? Besonders am Valentinstag gibt es wunderbare Angebote in fast allen Restaurants – für Paare, sprich zu zweit. Was sagen eigentlich Vermieter oder Nachbarn zum fidelen Liebesleben, vor allem wenn es offen gelebt wird, schon vor dem Unterschreiben des Mietvertrages?

Auch andere Privilegien stehen Menschen in dauerhaften Beziehungen nur zu, wenn sie zu zweit sind. Z.B. gibt es eine Ermäßigung für «Ehe- oder Lebenspartner im gleichen Haushalt» für die BahnCard der Deutschen Bahn. Genauer nachgefragt bekamen wir die Antwort, dass zwar das Geschlecht der Ehe- oder Lebenspartner keine Rolle spielt, «man aber in der Regel nur mit einem Partner fest liiert ist». Als wir nachhakten, wo und ob diese Regel denn festgehalten ist, bekamen wir die Bedingungen vorgelesen. «[…] Ehe- oder Lebenspartner, *der* im gleichen Haushalt wohnt […].» Somit ist ausdrücklich eine Ermäßigung nur für eine/n Partner_In zulässig.

In vielen Momenten im Alltag ist es offensichtlich hilfreich, sich für nur eine/n der Geliebten zu entscheiden und damit heimlich zu lieben. Auch wenn dies bedeutet, gegen Grundsätze der Polyamory – Offenheit und Ehrlichkeit – zu verstoßen. Doch wer möchte nicht, vor allem in einer solch oberflächlich offenen und toleranten Gesellschaft, die glückliche Liebe am liebsten der ganzen Welt zeigen? So ist es allzu verständlich, dass die Polyamory-Szene als Subkultur erscheint und sich als solche nur zu erkennen gibt, wenn explizit danach gefragt wird, wie in den zahlreichen Dokumentationen im Fernsehen, Sondersendungen im Radio und Reportagen in Zeitschriften. Im Vordergrund steht dabei immer Polyamory als Lebensform, als Abweichung der Norm, die dem normierten Durchschnittsmenschen erklärt werden muss, damit er sich anschließend als tolerant inszenieren und als verständnisvoll profilieren kann.

Jenseits dieser normalen Horizonte steht der Mensch im Vordergrund, mit all seinen Schnittpunkten, Unterschiedlichkeiten und vielfältigen Erfahrungen.

7. Schöne Aussichten? *Was wird die Zukunft bringen?*

Sollte in entfernter Zukunft die monogame Familie nicht mehr imstande sein, die Ansprüche der Gesellschaft zu erfüllen, so ist unmöglich vorauszusagen, von welcher Beschaffenheit die Nachfolgerin sein wird.
Lewis Henry Morgan 1876

Dass diese Zukunft gerade einmal einhundert Jahre entfernt war, hätte einer der ersten Matriarchatsforscher der Moderne sicher nicht gedacht. Ebenso wenig, dass es vielleicht mehrere Nachfolgerinnen geben wird. Erschien Henry Morgan die monogame Familie noch als die den Ansprüchen der Gesellschaft gemäße Institution, so widersprachen ihm schon einige KritikerInnen seiner Zeit. Am Anfang des 21. Jahrhunderts erscheint die Frage, ob die bürgerliche Gesellschaft in Zukunft in der Lage sein wird, die Grundlage für eine umfassend befriedigende Gefühlskultur der Menschen zur Verfügung zu stellen, zunehmend als eine rhetorische: Der Alleinvertretungsanspruch der Institution Ehe, der in konservativen Kreisen formuliert wird, kann selbst den Ansprüchen, die innerhalb der bürgerlichen Gesellschaft formuliert werden, immer weniger gerecht werden. Wir stehen heute unstrittiger Weise vor der Schwierigkeit, in einer sich gerade vollziehenden historischen Epoche vielfältiger und rasanter Veränderungen, Aussagen über die zukünftige Lebens- und Beziehungsformen anzustellen. Dennoch wagen z. B. Ulrich Beck zusammen mit Elisabeth Beck-Gernsheim und Gunter Schmidt zusammen mit Bernhard Strauß die Behauptung, dass in unserer Gesellschaft ein radikaler Wandel von Beziehungsformen zu beobachten ist (Beck/Beck-Gernsheim 1990, Schmidt/Strauß 2002). Dem widersprechen auf den ersten Blick empirische Untersuchungen, denen zufolge «das normale» Ehepaar, trotz der Veränderungen, die wir bereits angesprochen haben, noch immer das überwiegende Modell darstellt. Zum Beispiel entsprechen genau diesem Modell fast 75 % aller Lebensformen in Deutschland, in denen ein oder mehrere Kinder leben (Süddeutsche Zeitung 28.11.07).

Die Statistiken sprechen eine zählbare deutliche Sprache, jedoch können diese quantitativen Erhebungen keine Antwort geben auf die Fragen, inwieweit zum Beispiel eine romantische Verliebtheit Grundlage einer Ehe oder einer Lebenspartnerschaft ist und ob die Menschen in dieser Verbindung glücklich sind. Die Häufigkeit der Scheidungen, die – wie angemerkt – vom Umfang her etwa die Hälfte der in einem Jahr geschlossenen Ehen beträgt, macht zumindest deutlich, dass Liebesbeziehungen in den seltensten Fällen noch andauern, «bis dass der Tod sie scheidet». Diese Tatsache wird vielfach darauf zurückgeführt, dass die Menschen heute älter werden und so die Dauer des Eheverhältnisses ungleich länger dauert als zum Beispiel im Mittelalter. Eine grundsätzliche Krise der romantisch begründeten und partnerschaftlich geführten Zweierbeziehung wird viel seltener als Ursache dieser Entwicklung angesehen. Dabei ist es vor allem der Funktionsverlust, der die Ehe als institutionalisierte Zweierbeziehung in Frage stellt. War sie, wie wir zeigten, bis in die Neuzeit hinein ein Ort der Arbeitsteilung zwischen Männern und Frauen beziehungsweise der Produktion und Reproduktion, so verlor sie mit der Industrialisierung und Urbanisierung den Charakter als Ort der Produktion. Seit Mitte der sechziger Jahre verliert sie in großen Teilen der hochindustrialisierten Staaten auch zunehmend ihren Charakter als Ort der materiellen Reproduktion. Vereinzelung und die Vermischung von Freizeit und Arbeitszeit bei einigen Teilen der Lohnarbeit verwischen die Grenzen zwischen Produktion und Reproduktion. Die Verwertung der menschlichen Arbeitskraft wird totalitär in dem Sinne, dass das gesamte Dasein der Menschen den Gesetzen dieser Verwertung unterworfen wird. Individualisierung und Flexibilisierung prägen in diesem Prozess zunehmend die Biographien der Menschen. Die monogame Familie ist immer weniger imstande, die aus diesen Biographien entstehenden Ansprüche zu erfüllen. Es wäre daher konsequent, wenn vielfältige Lebensformen mit der Ehe gleichgestellt würden. Das betrifft alle gesellschaftlichen Bereiche von der Stadtplanung bis zur Innenarchitektur, von der Erziehung bis zur Alterspflege, von der Gesetzgebung bis zur Kultur. Die Tradierung der auf romantischer Liebe basierenden Ehe (und sei sie auch noch so partnerschaftlich geführt) als hegemoniale und weiterhin «normale» Lebens- und Liebesform stößt zunehmend an ihre Grenzen. Allerdings gibt es nicht zu übersehende Kräfte in der Gesellschaft, die den Funktionsverlust der Ehe nicht wahrhaben wollen.

Die Libertinage, wie sie es nennen, wird von Konservativen als Teufelswerk gebrandmarkt. Sie sei die Grundlage der Krise von Ehe und Kleinfamilie. Vorreiter einer solchen Verteufelung ist unter anderem die «Deutsche Vereinigung für eine Christliche Kultur e.V. (DVCK)». Auf deren Webseite werden Unterschriften gegen das Adoptionsrecht von Homosexuellen gesammelt, die Jugendzeitung «Bravo» zum «Feind Nr. 1 der Kinder» erklärt und im «Namen der christlich deutschen Kultur» wird festgestellt: «Mit der 68er Revolution begann die Krise der Familie. Die wichtigste Ursache für die Krise der Familie und den Geburtenrückgang ist der moralische Verfall in Deutschland und im Allgemeinen in der westlichen Welt» (DVCK 2009). Kein Wort darüber, warum die bürgerliche Familie – als doch recht junge historische Formation – so erhaltenswert ist. Vielmehr wird sie als Hort der Liebe und der Eintracht geschildert, der sie heute weniger denn je ist. Dabei beziehen solch konservative Webseiten ähnliche Positionen wie rechtsradikale Zeitschriften (z. B. Junge Freiheit 2007). Diese Positionen haben offensichtlich die Funktion, in der Gesellschaft dazu beizutragen, die herrschende Norm zu erhalten. Jedoch kann die gesellschaftliche Realität nicht auf Dauer ignoriert werden. Diese Realität demontiert die Ehe als hegemoniales Modell des Zusammenlebens zwar erst zaghaft, doch mit steigender Tendenz. Auch fordern zunehmend die heute sehr schwachen Ansätze anderer Lebensformen ihr Recht zur Gleichberechtigung ein. Wir möchten im Folgenden zwei entgegengesetzte Entwicklungen entwerfen. Diese beiden Entwürfe führen zu einer Weggabelung, an der die Entscheidung zu fällen ist, welches der beiden Ziele angesteuert wird. Wir können und wollen nichts darüber sagen, wie verschlungen die Pfade sind, auf die sich die Menschen begeben, und können auch wenig darüber sagen, was sich jenseits des Horizonts für Möglichkeiten auftun und ob es nicht einen Weg gibt, in dem beide Tendenzen zur Geltung kommen. Dennoch besteht diese Gabelung und wir werden versuchen aufzuzeigen, dass in der derzeitigen Situation die Möglichkeiten sowohl in eine dystopische als auch eine utopische Zukunft weisen. Wir haben bereits angedeutet, dass sich Dystopie und Utopie parallel entwickeln können. Dies vor allem durch eine weitere Spaltung der Gesellschaft in Arm und Reich. Dies gilt nicht nur im ökonomischen Sinne, sondern gerade auch für den Zugang zu kulturellen Ressourcen. Eine Gesellschaft, in der sich die verschiedenen Teile immer fremder werden, wird auch polyamoröse Beziehungen vor sehr große Schwierigkeiten stellen, da die Verantwortung nicht nur innerhalb der Gruppe gelebt werden muss.

7.1 Kommt es am Ende schlimmer?

«‹Diejenigen in deiner Zeit, die für eine Veränderung gekämpft haben, glaubten oft an den Mythos, daß eine Revolution unvermeidlich sei. Das ist aber nicht der Fall. Alles ist ineinander verwoben. Wir sind nur eine mögliche Zukunft. Verstehst du?› Lucientes Hand auf ihren Rippen wurde eisenhart. Ihre Stimme klang scharf und ernst.
‹Aber ihr existiert doch!› Sie versuchte zu lachen. ‹Es ist doch schon entschieden!›
‹Vielleicht. Deine Zeit ist eine Zeit der Krise. Verschiedene Welten existieren nebeneinander. Wahrscheinlichkeiten prallen aufeinander, und immer gibt es mehr als eine Möglichkeit.›»
Marge Piercy, *Frau am Abgrund der Zeit*

Der Weg zur Dystopie bringt uns an den Anfang unserer Betrachtungen.[57] Es war der Werbespruch des Fastfood-Giganten, der uns als Beispiel diente, um uns die Oberflächlichkeit der Warenwelt, in der wir uns bewegen, vor Augen zu halten. Doch ist es nicht nur Ronald McDonald, der die Liebe der Konsumierenden für sich beanspruchen will, sondern zum Beispiel auch der Diogenes Verlag, der auf seinen Werbeträgern ein Paar mit der Sprechblase: «Ich liebe Diogenes» versieht. Als wir die Seite www.ichliebewerbung.com aufriefen, erschien ein grünes Herz und nach dem Versuch eine Unterseite zu erreichen, war bezeichnender Weise nichts zu sehen als ein grauer Rahmen (ichliebewerbung.com, 2009). Aber auch die romantische Liebe kann sich – wie wir bereits beschrieben haben – der Unterordnung unter die Mechanismen der Warengesellschaft nicht entziehen. Den Gang der romantischen Liebe im Kapitalismus beschreibt Eva Illouz folgerichtig als einen von zwei Prozessen geprägten Weg: «einen Prozeß, den ich die Romantisierung der Waren nennen möchte und in dem die Waren nach und nach mit romantischer und sogar spiritueller Bedeutung angefüllt werden, und einem zweiten Prozess, in dem die Liebesromantik selber zur Ware wurde und nach und nach in die Praktiken des Konsums einging» (Illouz 2005, S. 82). Die Götzen, zu denen die Waren im Allgemeinen und das Geld im Besonderen in unserer Gesellschaft werden, sind für uns ein wesentlicher Ansatzpunkt, einen Weg der Entfremdung aufzuzeigen, in dem die Spielarten der Liebe zunehmend den Gesetzen der Ökonomie unterworfen werden und ihre soziale Seite in keiner Weise mehr der umfassenden Befriedigung sozialer Bedürfnisse gerecht wird. Die verschiedenen Stile der Liebe werden dabei in unterschiedlichem Maße zu Konsumgütern. Die Romantisierung des Konsums

---

57 Wir lassen dabei bewusst Zukunftsvorstellungen aus, die das Zusammenleben der Menschen gerne wieder in die Zwänge vergangener Zeiten zurückführen möchten. Solche Vorstellungen, wie wir sie bei rechtsradikalen politischen Strömungen und Organisationen wie der «Deutschen Vereinigung für eine Christliche Kultur» finden, haben unseres Erachtens über ihre Funktion, den gesellschaftlichen Status quo zu erhalten, keine wirkliche Perspektive.

entwickelt eine «Kultur, in der sich Dinge und soziale Beziehungen in einer komplexen Dynamik überlagerten und ineinander» übergehen. (Illouz 2005, S. 83). Die emotionale Besetzung von Dingen gründet sich allerdings nicht in dem Respekt vor der konkreten Arbeit anderer Menschen (dies allenfalls bei Kulturgütern), sondern fußt in der Befriedigung am Besitz. Haben wir in den Betrachtungen zur Geschichte der Liebesformen in Europa darauf hingewiesen, dass die Eifersucht sich (auch) auf Grundlage des patriarchalischen Besitzdenkens entwickelte, so werden wir hier mit einem umgekehrten Verhältnis konfrontiert: Der Besitz an einem «wertvollen» Gut wird mit Liebesgefühlen belegt.

Eine mögliche Zukunft gäbe es in der weiteren Angleichung von Beziehungen zu Waren und Menschen, die die Beziehungen zu den Waren weiter romantisiert und die zu anderen Menschen weiter entfremdet. Die auf dem Gefühl der innigen Liebe gegründeten Beziehungen, gleichgültig ob zu einem oder mehreren Menschen, würden zu einer reinen Marktangelegenheit und damit auch ihre Funktion als Ort der emotionalen Reproduktion verlieren. Diese gesellschaftliche Entwicklung ist tatsächlich zu beobachten, aber sie verläuft widersprüchlich und ist in keinem Fall abgeschlossen. Die Kritik an dieser Entwicklung sowohl von wertkonservativen als auch von fortschrittlichen Strömungen wird von vielen Menschen geteilt.

Die Suche nach einem Lebensgefährten oder einer Lebensgefährtin via Partnerbörsen im Internet, bei denen aufgrund von «Profilen» Partnerschaften vermittelt werden, erscheint rationaler oder effizienter als das Flirten auf einer Party, aber sie unterscheidet sich immer weniger von der Suche nach irgendeinem anderen Produkt. Ein grundsätzlicher Unterschied besteht im Grunde nur darin, dass beide Seiten zugleich als Ware als auch als Konsument_In auftreten. Der Verdinglichungsprozess menschlicher Gefühlsbindungen, den eine solche Tendenz zum Ausdruck bringt, steht einem emanzipatorischen, solidarischen Miteinander entgegen. Die romantische Liebe konnte immer schon nur in Ausnahmefällen das Versprechen einlösen, dass sie über soziale und politische Grenzen hinweg möglich sei. Das hat Jean-Paul Sartre in seinem Essay *Das Spiel ist aus* schon deutlich vor Augen geführt: Der Arbeiter Pierre und Eve, eine Dame aus besserem Hause, treffen sich nach ihrer jeweiligen Ermordung im Jenseits, verlieben sich und bekommen eine Chance auf das Weiterleben. Aber ihre Klassenzugehörigkeit macht diese Beziehung unmöglich und so müssen sie endgültig sterben (Sartre 1952). Die Entmachtung der romantischen Liebe durch die sozialen Verhältnisse ist eine Entmachtung selbstloser Gefühle durch die gesellschaftlichen Bedingungen. Die scheinbar rationale Auswahl via Partnerbörse ist die letztendliche Verdrängung des Gleichheitsversprechens der bürgerlichen Gesellschaft, nach dem alle auf dem (Heirats-)Markt die Möglichkeit haben, sich unabhängig von sozialer Herkunft zu verlieben. Für die Aufnahme in eine solche Partnerbörse ist das Ausfüllen eines ausgiebigen Fragebogens notwendig, auf dessen Grundlage ein persönliches Profil erstellt wird, und zu diesem Profil wird eine entsprechende Ergänzung gesucht. Das Märchen von der Liebe über soziale Grenzen hinweg wird hier nicht mehr erzählt. Dennoch bleiben die Hoffnungen, sich auch außerhalb des eigenen Milieus verlieben zu können und mit einer Erwiderung der romantischen Liebe zu rechnen, bestehen. Besonders ausgeprägt finden wir diese Hoffnung bei Fangemeinden von Künstler_Innen, deren Mitglieder häufig wider besseres Wissen darauf hoffen, dass der Star sich in sie verliebt. Das Phänomen des Stalkens können wir so auch verstehen als die verzweifelte Forderung nach der Einlösung dieses Märchens. Das ökonomische und kulturelle Kapital entscheiden, wer für die Partnerschaft in Frage kommt, und innerhalb dieser Partnerschaft beherrscht dann die Tauschlogik – was bekomme ich wofür – zunehmend das Geschehen.

Je weniger das Gefühl der Liebe gegenüber dieser Tauschdenkweise, bei der die Partner_Innen für jedes Geben ein adäquates Nehmen für sich beanspruchen, für die Beziehungen eine Rolle spielt, um so unmöglicher werden polyamoröse Beziehungen. Die Werte, die wir für solche Beziehungen beschrieben haben, sind von dem Gedanken der Solidarität durchzogen, so dass eine Aufrechnung, wie sie die Tauschlogik impliziert, völlig ausgeschlossen ist. Bei dem

Versuch, Mehrfachbeziehungen und Marktmechanismen gleichzeitig zu leben, wird es unweigerlich zu einer Konkurrenz der Beteiligten kommen. Die bis ins Absurde reichende sexuelle Konkurrenz in der Aktionsanalytischen Organisation (AAO)[58] ist dafür ein plastisches Beispiel. Eine tendenziell völlige Loslösung der Sexualität von Gefühlen der Liebe ist bei einer umfassenden Unterordnung der Intimität unter die Gesetze des Marktes nur konsequent. Die Schere, die sich zwischen ökonomischem Reichtum und Armut im radikalen Liberalismus auftut, spiegelt sich auch in der Sexualität der Menschen wider. Die Konkurrenz, bei der die Schwächeren auf der Strecke bleiben, heißt für diejenigen, die arm an kulturellem Kapital sind, dass ihr Sexualleben wenig Abwechslung bietet und von Einsamkeit geprägt ist. Eine Ausklammerung der Sexualität aus der Sphäre der Liebesbeziehungen ist keine logische Konsequenz der Durchsetzung von Tauschlogik in Beziehungen. Aber der Tausch von Sex gegen emotionale Zuwendung widerspricht einer zweiseitigen innigen Liebe. Die emotionale Zuwendung wird zum Zahlungsmittel, die Beziehung zur Prostitution. Die Integrität, die wir als einen Wert der Polyamory beschrieben haben, steht diesem Marktradikalismus diametral gegenüber.

Die Unterwerfung der Liebesbeziehungen unter die Gesetze des Marktes wird in der Selbstdarstellung der eigenen Qualitäten deutlich. Die Herausforderung, die eigenen Qualitäten möglichst effektiv einzubringen, wird durch die Medien längst nicht mehr nur an die vermeintlich Leistungsfähigsten gestellt. «Vielmehr werden, da es höchst populär ist, jegliche Opfererzählung zu vermeiden, Diskriminierungen als ‹Aktivierungsenergie› zur Steigerung persönlicher Leistungsfähigkeit angesehen. Gemäß einem neoliberalen Individualisierungsparadigma steht Jeder und Jede unter dem Druck, das Beste aus den eigenen Lebensbedingungen zu

58 Die AAO, auch Muehl-Kommune, war eine, um 1970 aus einer Wohngemeinschaft entstandene Kommune, die von dem Aktionskünstler Otto Muehl gegründet wurde und in der die als freie Liebe postulierte Sexualität zunehmend zur Leistungsveranstaltung wurde. Dabei kam es zu zahlreichen Vergewaltigungen und «martialischen Sexual- und Dressurakten» (Roos, 2004).

machen, aber es ist nicht gesellschaftliche Aufgabe, gute Lebensbedingungen für alle zu schaffen. In diesen diskursiven Horizont passen Bilder gefeierter Differenz gut hinein, insbesondere dann, wenn sie auch noch als Illustrationen einer Erfolgsstory mit komplizierten Ausgangsbedingungen erscheinen» (Engel 2009, S. 13 f.). Die mehr oder weniger öffentliche Darstellung der eigenen Persönlichkeit in sogenannten «sozialen Netzwerken» im Internet, lässt selbst die Anzahl von «Freundschaften», die mit einem bloßen Mausklick beschlossen werden, zum Ausdruck des Marktwertes werden. Den Lebensbedingungen, denen wir auf diesem Wege entgegengehen, beinhalten eine Unterwerfung unter einen Optimierungszwang in der Wahl der/des Partner_In. Nicht mehr diejenige, die der Vater aussuchte, noch die Zufallsbekanntschaft aus dem eigenen Milieu, sondern die weltweite Suche nach dem optimalen Anderen. War es beim Scheitern einer Beziehung bei einer arrangierten Ehe die schlechte Wahl der Eltern oder die «Erblindung» bei der Zufallsliebe, so ist das Ende einer Beziehung in diesem Verfahren ein selbst verschuldetes Scheitern. Denn, auch wenn die Beziehungen nicht mehr als endgültige Beziehungen verstanden werden, so wird das Ende einer Beziehung auch weiterhin als ein Scheitern formuliert. Polyamoröse Beziehungen hätten allein aus zeitökonomischen Gründen kaum Platz in so einer Welt. Wenn doch, so wären sie sicherlich Ausdruck eines großen Reichtums und wenn wir den klassischen Dystopien folgen, ist die Spaltung der Gesellschaften in Herrschende und Unterdrückte vielleicht dann auch ein Ausdruck dafür, welches Liebesleben sich die Angehörigen der jeweiligen Kategorie leisten können, oder ob überhaupt Zeit und Muße für ein Liebesleben bleibt.

Die Verdinglichung der Liebesstile macht aber auch eine Zukunft möglich, in der bestimmte Formen der Liebe sich gleich den Dingen zuwenden. Grenzt schon heute die Liebe zum Fußball bei einigen an Mania, so ist es die spielerische Liebe Ludus, die über die sexuelle Verbindung hinaus zunehmend auch auf Waren gerichtet wird. Viele der Süchte, wie wir sie jenseits der klassischen Drogensucht kennen, können im Kontext einer Veränderung des Liebeslebens stehen. So ist die Magersucht sicherlich auch ein Ausdruck des Zwanges, sich und seinen Körper nach außen so zu präsentieren, dass er geliebt wird. Spielsucht etwa können wir als eine Zuwendung der Gefühle zu Dingen erkennen, wie sie der innigen Verliebtheit nicht unähnlich ist. Die Voraussetzungen, die wir in dem Versuch Polyamory zu definieren formuliert haben, wie etwa Konsens, Integrität oder Ehrlichkeit wären in einer solchen Welt Ausdruck von Schwäche und führten zur Marginalisierung. Kurz, für polyamoröse Beziehungen wäre in einer solchen Zukunft kein Platz.

7.2 Nur ein Traum

«Ihr lebt hier zu dritt?»
«Zu dritt? Nein, das hier ist mein Raum.»
«Ich dachte, du lebst mit zwei Männern zusammen. Mit diesem Bee und dem Jackrabbit, von denen du ständig sprichst.»
«Wir sind Herzfreunde. Einige von uns verwenden den Begriff ‹Kern› für diejenigen, denen wir am nächsten stehen. Andere wieder glauben, es sei schlecht, Unterscheidungen zu treffen. Wir diskutieren immer noch über dieses Thema. Ich für meinen Teil verwende Kern, weil ich mir unter dem Wort etwas Reales vorstellen kann. Bee, Jackrabbit und Otter sind mein Kern ...»
«Was, noch ein Liebhaber!»
«Nein, Otter ist eine Handfreundin, keine Kissenfreundin. Wir sind seit dem sechzehnten Lebensjahr zusammen. In politischen Fragen stehen wir uns sehr nah ...»
Marge Piercy, *Frau am Abgrund der Zeit*

Es ist allerdings nicht entschieden, ob wir uns auf dem Weg in eine solche Dystopie befinden. Die Krise der zwischenmenschlichen Beziehungen, wie auch die Krise der vorherrschenden Lebensformen Ehe und Singledasein, eröffnen auch Schritte in Richtung auf Utopien.

Und das, auch wenn historisch gesehen die theoretische Kritik von einengender gesellschaftlicher Praxis und die daraus entstandenen Zukunftsentwürfe in der geschichtlichen

Entwicklung oft in ihr Gegenteil verkehrt wurde. Als Beispiel können die sozialistischen Kritiken der bürgerlichen Gesellschaft dienen. Seit Charles Fourier haben diese, gleichgültig ob sie eher marxistischer oder eher anarchistischer Ausprägung waren, immer auch die bürgerliche Ehe scharf kritisiert. Doch die Gesellschaften, die sich sozialistisch nannten, waren – bis auf eine kurze Phase nach der Oktoberrevolution in der Sowjetunion – in ihrem Alltag durch eine geradezu spießbürgerliche Liebesvorstellung geprägt. Es ist hier nicht der Ort, diesen Widerspruch zu analysieren. Jedoch ist der repressive Charakter dieser Gesellschaften nicht zu trennen von der Unfähigkeit, alternative Lebens- und Liebesformen zuzulassen. Die Wege solch autoritärer, etatistischer[59] Sozialismusmodelle waren und sind nicht geeignet, vielfältigen emanzipatorischen Lebensbeziehungen den Weg zu ebnen.

Wenn wir Wege gehen wollen, die aus einer zunehmend überwachten repressiven Gesellschaft herausführen, die weder in der Lage ist, ihre ökonomischen oder ökologischen Probleme auch nur ansatzweise emanzipatorisch zu lösen, viel weniger noch die psychischen Probleme der Menschen, die sie allesamt dem Verwertungsregime unterwirft, müssen wir auch die Fesseln lösen, die durch hegemoniale «normale» Liebesvorstellungen daran hindern, solche Wege zu gehen. Denn die Fesseln der Normalität sind größer, als die vermeintliche Freiheit, die unsere Gesellschaft mit ihren Werbeversprechen vorgaukelt. Wenn wir uns auf den Weg begeben, um nach einer unseres Erachtens «optimalen» Entwicklung zu suchen, müssen wir vor allem den Hinweis beachten, den Herbert Marcuse schon im Mai 1967 in seiner Vorrede zu *Der eindimensionale Mensch* veröffentlichte: «Um die Möglichkeiten einer optimalen Entwicklung anzugeben und zu bestimmen, muß die kritische Theorie von der tatsächlichen Organisation und Anwendung der gesellschaftlichen Ressourcen abstrahieren sowie von den Ergebnissen dieser Organisation und Anwendung» (Marcuse 1967, S. 13).

59 Unter etatistischem Sozialismus werden alle Formen des Sozialismus gefasst, die auf den Staat fixiert sind. Dazu zählen sowohl sozialdemokratische Modelle als auch zum Beispiel die Sowjetunion und die VR China.

In diesem Sinne haben wir es unter anderem bei polyamorösen Beziehungen mit Lebensformen zu tun, «die in der etablierten Gesellschaft als subversive Kräfte umgehen. Die mit den Alternativen verbundenen Werte werden durchaus zu Tatsachen, wenn sie vermittels historischer Praxis in Wirklichkeit übersetzt werden» (Marcuse 1967, S. 14).

Wir verstehen Optimierung nicht als Ausdruck neoliberaler Effizienz, bei der es für den Einzelnen als besonders erfolgreich erscheint, sich im Konkurrenzkampf gegen andere durchzusetzen. Sondern für uns wird das Optimum in diesem Zusammenhang gemessen an der allseitig befriedigenden emanzipierten Kommunikation der Beteiligten. So kommen wir in Sachen Liebe wieder zu dem Gefühl, bei dem sich die sechs Stile der Liebe entfalten können, ohne dem Anderen ein Hindernis zu werden. Aufgabe einer solchen Optimierung wäre die Entwicklung einer Kultur des Neben- und Miteinanders verschiedener Formen der Liebes- und Lebensformen jenseits von Zwang und kommerzieller Vereinnahmung. Der Prozess einer solchen Kommunikation müsste gegenüber der heutigen Situation transparenter werden. Das Verheimlichen, das eng verbunden ist mit dem, was gesellschaftlich als verwerflich angesehen aber dennoch getan wird, hätte in einer solchen Kultur keinen Platz. Auf dem Weg zu einem solchen Umgang miteinander ist es wichtig, zu verhindern, dass in den Beziehungen der Liebenden wieder Herrschaftsstrukturen hervorgebracht oder gestärkt werden.

Wir möchten an dieser Stelle nur drei Ansätze zitieren, die in diesem Zusammenhang die Auflösung der Geschlechter zur Voraussetzung machen: Nach vierzigjähriger Forschungsarbeit zum Thema Geschlechterbeziehungen kommt Ernest Bornemann zum Ende seiner Ausführungen unter anderem zu dem Ergebnis: «Die klassenlose Gesellschaft der Zukunft kann nur eine geschlechtslose Gesellschaft sein» (Bornemann 1975, S. 534). Die Heldin Consuelo Ramos in Marge Piercys *Die Frau am Abgrund der Zeit* hat sich kaum damit abgefunden, dass die Kinder der Zukunft keine leibliche Mutter haben, sondern drei Mütter, deren Geschlecht bei dieser selbstgewählten Rolle unwesentlich war, da öffnet einer, den sie bisher eindeutig als Mann identifiziert hat, sein

Hemd und stillt das Kind an seiner Brust (Piercy 1986, S. 161f.). Auch Donna Haraway entwirft in ihrem *Manifest für Cyborgs* eine Zukunft jenseits heutiger Geschlechtszuschreibungen: «Cyborgs sind Geschöpfe in einer Post-Gender-Welt» (Haraway 1995, S. 84).

All diese Entwürfe setzen sich kaum mit dem Weg zu ihrer Utopie auseinander; auch wenn Haraway bewusst den Begriff Manifesto wählt, macht ihr Untertitel: «Der ironische Traum einer gemeinsamen Sprache für Frauen im integrierten Schaltkreis» deutlich, dass es hier wie auch bei den anderen Utopien nicht um die Fragen an der Weggabelung geht, sondern um ein säkularisiertes Jenseits. Ein Jenseits heutiger Beziehungs- und Liebesformen. Männliche Utopien stellen seit dem Namensgeber Utopia von Thomas Morus die Frage der Beziehungsformen in der Regel nicht, sondern schreiben patriarchale Promiskuität fort, wenn ihre Geschichten jenseits von Langzeithetero-Zweierbeziehungen liegen.

Die Entwürfe setzen alle den von Marcuse vorgeschlagenen Weg der Abstraktion, von dem, was wir vorfinden, voraus. Für den Prozess zu einem befriedigenden Neben- und Miteinander verschiedener Formen der Liebes- und Lebensformen, auch wenn wir ihn nicht teleologisch fassen, können wir einige Merkmale aus diesen Utopien herausfiltern.

Da wären zuerst die Aussagen zu Geschlechterbeziehungen. Sie deuten darauf hin, dass eine solche Entwicklung nur möglich erscheint, wenn gleichzeitig Prozesse in Gang gesetzt werden, in denen die Geschlechterzuschreibungen sich auflösen. Die Überschneidungen zwischen Teilen der Poly-Bewegung und der sogenannten Queer-Szene, auf die wir hingewiesen haben, sind bereits der praktische Ausdruck der Notwendigkeit eines solchen Prozesses. Die Ablehnung der Geschlechterdualität und der zum Teil spielerische Umgang mit den gegebenen Dualitäten findet in einer ablehnenden bis feindlichen Umgebung statt. Toleranz gegenüber dem vom Mainstream abweichenden Verhalten und Geschlechterzuschreibungen wird vor allem von Subkulturen, die auch monogame Beziehungen infrage stellen, gefordert.

Die sprachliche Zuweisung des Geschlechts spielt dabei eine wesentliche Rolle. Für eine Utopie, wie sie Marge Piercy für das Jahr 2135 entwickelt, gestaltet sie auch eine Sprache, die für Beziehungen neue Begriffe benutzt. Wenn wir dann wirklich eine schöne Zukunft vor uns haben, wie sie die Autorin in einem Teil von *Die Frau am Abgrund der Zeit* beschreibt, dann wären ihre Vorschläge einer Kodierung von der Liebe mit den Begriffen Herz, Hand und Kissen sicherlich eine Möglichkeit. Auch die Ersetzung der Personalpronomen «er» und «sie» durch ein «per» in diesem Roman entledigt das Pronomen einer Geschlechtszuschreibung. Wir haben bereits im Abschnitt über die Werte und Grundsätze der Polyamory beschrieben, dass sich auch diese Szene bemüht, durch die Einbringung neuer Begrifflichkeiten sprachliche Tradierungen aufzubrechen. Der Weg zur Entwicklung einer Sprache, die deutlich macht, dass die Zeit der Doppelmoral des patriarchalen Monotheismus, der Illusion der romantischen Zweierbeziehung wie auch die der warenförmigen Beliebigkeit überwunden ist, wird ein schwieriger Weg. Ebenso wie die Annäherung der Geschlechter ist die Entwicklung einer emanzipativen Sprache Kern des Abbaus von Diskriminierungen.

Für eine Theorie der Veränderung von Liebes- und Lebensformen – oder sagen wir für unsere Tipps an der Gabelung zwischen Utopie und Dystopie – besteht kein Widerspruch darin, ob sprachliche Zuschreibungen gesellschaftliche Realität produzieren oder gesellschaftliche Realität sich in der Sprache widerspiegelt. Wenn wir aus der zerstörerischen Wirklichkeit unserer Gesellschaft – die sich auch in vielen zwischenmenschlichen Beziehungen manifestiert – herauswollen, müssen wir sowohl die beschreibende als auch die produzierende Seite der Sprache einbeziehen. Die Dualität des Entweder-Oder ist dabei durch ein Teils-Teils, ein Sowohl-Als-Auch und ein Weder-Noch zu ergänzen.

Dass polyamoröse Beziehungen mehr Zeit für sich in Anspruch nehmen, wird heute als ein Hindernis dieser Beziehungen gesehen. Wir haben gesehen, dass gerade die Auseinandersetzungen um Beziehungsfragen, wie die der Eifersucht weiten Raum in den Beziehungen und viel Zeit in den Biographien der Beteiligten einnehmen. Aber gerade die gründliche Erörterung von Beziehungsfragen macht solche Beziehungen zukunftsfähiger, da sie so viel mehr Schutzraum bieten gegenüber der konkurrenzgeprägten Gesellschaft als eine Kleinfamilie, in der diese Erörterungen nicht in dem Umfang stattfinden (können). Denn die Erörterung und Klärung von Problemen und die Möglichkeit, sich mit mehreren Menschen auszutauschen, machen widerstandsfähiger als das Verdrängen und Verheimlichen, welche die Hast des Alltags produziert, die in vielen Beziehungen herrscht. Polyamoröse Beziehungen können aber nur an Kraft gewinnen, wenn sie in der Lage sind, diesen Schutzraum erfolgreich aufzubauen und so eine Alternative darstellen.

In einer Welt, in der sich sowohl die ökonomische, die soziale als auch die kulturelle und politische Realität in immer schneller ablaufenden Zyklen bewegt, ist es aus ökologischen, sozialen und psychischen Gründen notwendig, um Prozesse der Entschleunigung zu kämpfen. Das betrifft die natürlichen Ressourcen genauso wie psychosoziale Prozesse. Wenn verschiedene polyamoröse Beziehungen erfolgreich einen Schutzraum herstellen und eine beispielhafte Praxis entwickeln, dann können sie den Wert solcher Beziehungen und Räume auch in den gesellschaftlichen Diskurs einbringen. Dabei spielt der Umgang mit den Kindern eine zentrale Rolle, denn diese benötigen den Schutzraum in erster Linie. Da wir polyamorösen Beziehungen nicht vorschreiben wollen, eine stabile Beziehungsform als Ort der Reproduktion zu entwickeln, müssen wir uns die Frage gefallen lassen, wo denn der Schutzraum für die Kinder entwickelt werden soll. Wären Besuchsehen, wie wir sie vorgestellt haben, eine Alternative? Sicher gibt es Formen der Besuchsehe in vielfältiger Art und Weise auch in unserer Gesellschaft. Jedoch fehlt diesen der Rückhalt ähnlich dem eines Clans, wie wir in dem Beispiel der Mosuo vorgestellt haben. Wenn wir jedoch sehen, wie in Deutschland seit über zwanzig Jahren Wohnprojekte entstehen, in denen auch Kinder angemessene Lebensbedingungen vorfinden, dann lässt sich eine dem Clan ähnliche Rückendeckung entwickeln, die gerade in der Frage des Schutzraumes für Kinder einer Förderung bedarf[60]. Der Be-

60 Bei Wohnprojekten handelt es sich in der Regel um ein Haus, in dem mehrere separate Wohnungen gemeinsam erworben werden. Oft wohnen mehrere Generationen in einzelnen Wohnge-

deutungsverlust der genetischen Eltern ist dabei ein zentrales Element gegenseitiger Hilfe und Verantwortung, der vielleicht zu den schwierigsten ideologischen Aufgaben gehört. Aber erst eine Gemeinschaft, die verantwortlich gegenüber den Kindern handelt, ohne sie an die Eltern zu ketten, wird den persönlichen Entwicklungen ihrer Mitglieder – und dazu gehört nun einmal auch das individuelle Ausscheiden aus dieser Gemeinschaft – vollends Rechnung tragen können.

Der Umgang mit den Kindern macht die drei Ebenen deutlich, die für das Gelingen von polyamorösen Beziehungen notwendig sind. Es ist die Ebene der gesellschaftlichen Rahmenbedingungen, die Ebene der Auseinandersetzung der «Polyamory-Szene» mit der Gesellschaft und die Ebene des Binnenlebens der Szene. Alle drei Ebenen müssen zumindest zum Teil die notwendigen Bedingungen gleichzeitig erfüllen.

- Die gesellschaftlichen Rahmenbedingungen sind vielfältig: Die Bereiche umfassen die Städteplanung und die Architektur. Die juristische Besserstellung der monogamen Ehe müsste aufgehoben werden und durch eine Regelung des Miteinanders ersetzt werden, die verschiedene Lebens- und Liebesformen gleich behandelt. Ein verantwortungsvoller Umgang (nicht nur) mit anderen Menschen, wie wir ihn für polyamoröse Beziehungen beschrieben haben, ist ebenfalls ein notwendiges gesellschaftliches Umfeld. Die Akzeptanz von verschiedenen Formen des menschlichen Miteinanders muss sicherlich weiterentwickelt werden und eine Verminderung des Wettkampfcharakters in Beziehungsfragen ist ebenfalls von großer Bedeutung.
- Die Forderung nach einem verantwortungsvollen Umgang ist zuerst einmal keine an eine bestimmte Lebensform geknüpfte Forderung. Sie bricht allerdings mit den Konkurrenz- und Warenbeziehungen in unserer Gesell-

meinschaften in dem Projekt. Meist gibt es einen Gemeinschaftsraum. Gegenseitige Hilfe, eigenverantwortliche Organisation der Gemeinschaft, aber auch Themen wie barrierefreies Bauen, ökologische Zielsetzungen und politische Aktivitäten werden zusammen entwickelt.

schaft. Zurzeit kommen die meisten polyamorös lebenden Menschen aus einem Milieu, das durch einen hohen Anteil von Akademiker_Innen geprägt ist, es sind freiberuflich Tätige, Arbeitende im Gesundheitsbereich, Künstler_Innen und Pädagog_Innen. Diese Menschen verfügen über ein vergleichsweise hohes kulturelles Kapital, sind also in dieser Gesellschaft der Warenbeziehungen in einer starken Position. So wird Polyamory zu einer privilegierten Lebensweise, die jedoch in großen Teilen der Gesellschaft auf Unverständnis, wenn nicht Feindschaft stößt. Ein solches gesellschaftliches Umfeld bedeutet nicht nur eine schwierige Situation für polyamoröse Gemeinschaften, sie bedeutet vor allem auch keine freie Entscheidung über die Lebensweise für einen übergroßen Teil der Gesellschaft. Für die Subkultur, zu der sich die Polyamory-Szene entwickelt hat, ist es daher notwendig, mehr Elemente einer Bewegung zu bekommen. Die Forderungen an die Gesellschaft werden nicht als Automatismus erfolgen, auch wenn immer mehr Menschen aus der Enge der gegebenen Normen ausbrechen.

- Die dritte Ebene betrifft die innere Struktur der Polyamory-Szene. Im Wesentlichen sind es da die Fragen der Prinzipien, die wir angeführt haben. Die Fähigkeit, autoritäre Charakterzüge abzubauen, kann helfen, solche Gemeinschaften durch qualitative horizontale Hierarchien zu prägen und vertikale Hierarchien abzubauen. Das würde eine befriedigende Kommunikation erleichtern und zu einem wesentlichen Unterscheidungsmerkmal zu Zwangskollektiven, in denen die Mitgliedschaft zur Abhängigkeit und auch zur Tortur werden kann. Das bedeutet ebenfalls, dass Polyamory keine Therapie ist. Persönliche Schwierigkeiten können vielleicht besser gelöst werden, da die Prinzipien des Zusammenlebens in polyamorösen Beziehungen Kommunikationsfähigkeiten und Empathie fördern. Aber die Beziehungen werden nicht geführt, um solche Schwierigkeiten zu beseitigen.

Wenn die Tendenz auf allen drei Ebenen in diesem Sinne verstärkt werden kann, ist es möglich, bestimmte Unzulänglichkeiten, mit denen polyamoröse Beziehungen heute oft konfrontiert sind, zu reduzieren. Auch der höhere Aufwand für die «Beziehungsarbeit» und die fehlende Sicherheit (die aber auch in monogamen Beziehungen zumeist eine sehr trügerische ist) würden bei einer solchen Entwicklung an Bedeutung verlieren. Die Vielfalt und Lebendigkeit, die solche Beziehungen in sich bergen, und die unterstützende Solidarität, die eine solche Gemeinschaft leisten kann, wären auf jedem Lebensweg eine große emotionale Kraftquelle. Das Ablegen von Doppelmoral kann in eine befreiende Ehrlichkeit münden, die ein wesentlicher Bestandteil eines glücklichen Lebens würde. Die Einschränkungen, die eine monogame Beziehung mit sich bringt, sind auf vielen Ebenen schwächer oder verschwinden völlig. Auch der Spaß an der Sexualität kann zur Freude am Spielerischen werden, der den Ludus im Menschen mit Ehrlichkeit und Offenheit zusammenführt. Der Eros, der, unserer Definition folgend, nach der perfekten Liebe sucht, hätte es leichter und die geschwisterliche Liebe – Storge – wäre der Alltag in solchen Beziehungen. Mania, die eifersüchtige Liebe würde vielleicht durch Polyamory besser in den Griff zu bekommen sein und tendenziell sogar verschwinden. Die uneigennützige Liebe – die Agape – ist strukturelle Voraussetzung für polyamoröse Beziehungen. Zu guter Letzt wäre Pragma vielleicht seiner Krämerseele beraubt und würde eher ein Schutzfaktor gegenüber der Mania sein.

Utopien formulieren sicher auf den ersten Blick Unmöglichkeiten. Wir sind jedoch bei unserer Arbeit auf vielfältige Situationen gestoßen, die uns deutlich gemacht haben, dass die herrschende Normalität schon lange nicht mehr in der Lage ist, ein befriedigendes glückliches Leben zu garantieren. Im Sinne Marcuses ist es also Zeit, die mit den Alternativen verbundenen Werte in eine Praxis umzusetzen, um so diese Normalität in Frage zu stellen. Eine solche polyamoröse Praxis, die nicht mehr marginalisiert wäre, sondern eine geachtete Beziehungsform, wäre eine gesellschaftliche Bereicherung gegenüber den Normierungen der monogamen Beziehungswelt. Entspannung und Rückzugsmöglichkeit gegenüber dem Leistungsdruck des herrschenden Alltags und lustvolles Sein könnte den Schein der Warenwelt entzaubern.

Medienverzeichnis

Bücher, Aufsätze

Alberoni, Francesco: Historisierung und Punkte ohne Wiederkehr. In: Hahn, Kornelia / Burkhart, Günter (Hrsg.) (2000): Liebe, Grenzen und Grenzüberschreitungen. Opladen: Leske & Budrich

Althusser, Louis (1974): Für Marx, Frankfurt/Main: Suhrkamp

Althusser, Louis (1974): Widerspruch und Überdeterminierung. In: Althusser, Louis: Für Marx. Frankfurt/Main: Suhrkamp. S. 52–99

Anapol, Dr. Deborah M. (1997): Polyamory. The New Love Without Limits. San Rafael, CA.: IntiNet Resource Center

Anderlini-D'Onofrio, Serena (Hrsg.) (2004): Plural loves: Designs for bi and poly living. London: Harworth Press

Aries, Philippe u.a.(1984): Die Masken des Begehrens und die Metamorphosen der Sinnlichkeit. Frankfurt/Main 1992: Fischer

Barthes, Roland (1984): Fragmente einer Sprache der Liebe. Frankfurt/Main: Suhrkamp

Bartholomäus, Wolfgang (2002): DerDieDas Andere geht mich an. Sexualität für Erziehung ethisch denken – in der Spur Emmanuel Lévinas'. Frankfurt/Main: Europäischer Verlag der Wissenschaften

Bartholomäus, Wolfgang (2004): «Der Andere geht mich an. Sexualität für Erziehung ethisch denken.» In: Timmermanns, Stefan et al. (Hrsg.) (2004): Sexualpädagogik weiter denken. Postmoderne Entgrenzungen und pädagogische Orientierungsversuche. Weinheim/München: Juventa Verlag, S. 137–152

Bebel, August (1883): Die Frau und der Sozialismus, bearbeitet und kommentiert von Seifert, Monika (1974). Hannover: Fackelträger Verlag

Beck, Ulrich / Beck-Gernsheim, Elisabeth (1990): Das ganz normale Chaos der Liebe. Frankfurt/Main: Suhrkamp Verlag

Binder, Gerhard (Hrsg.) (1993): Liebe und Leidenschaft. Historische Aspekte von Erotik und Sexualität. Trier: Wissenschaftlicher Verlag Trier

Böcker, Anna Carina (2005): «Bi Poly Queer?» In: Méritt et al. (Hrsg.): Mehr als eine Liebe. Polyamoröse Beziehungen. Berlin: Orlanda, S. 171–175

Bornemann, Ernest (1970): Das Patriarchat. Ursprung und Zukunft unseres Gesellschaftssystems. Frankfurt/Main: Fischer Verlag

Bottéro Jean (1995): Alles begann in Babylon. In: Duby, Georges u.a.: Liebe und Sexualität. Grafrath: Klaus Boer Verlag, S. 17–43

Brøgger, Suzanne (1978): ...sondern erlöse uns von der Liebe. Reinbek: Rowohlt

Bublitz, Hannelore (2002): Judith Butler zur Einführung. Hamburg: Junius

Butler, Judith (1991): Das Unbehagen der Geschlechter. (Gender Trouble) Frankfurt/Main: Suhrkamp

Capellanus, Andreas (2006): Über die Liebe. Stuttgart: Hiersemann

Cresswell, Clio (2005): Wie viel Sex passt in ein Einmachglas. Frankfurt/New York: Campus

Currid, Brian (2001): «Nach ‹queer›?» In: Heidel, Ulf / Micheler, Stefan / Tuider, Elisabeth (Hrsg.) (2001): Jenseits der Geschlechtergrenzen. Sexualitäten, Identitäten und Körper in Perspektiven von Queer Studies. Hamburg: MännerschwarmSkript Verlag, S. 346–364

Davis, Natalie (1986): Frauen und Gesellschaft am Beginn der Neuzeit. Studien über Familie, Religion und die Wandlungsfähigkeit des sozialen Körpers. Berlin: Wagenbach Verlag

Duby, Georges u.a. (1995): Liebe und Sexualität. Grafrath: Klaus Boer Verlag

Duerr, Hans Peter (2002): Die Tatsachen des Lebens, Der Mythos vom Zivilisationsprozeß, Band 5. Fankfurt/Main: Suhrkamp

Easton, Dossie / Klesse, Christian (2006): The Trials and tribulations of being a «slut» – Ethical, psychological and political thoughts on polyamory. In: Haritaworn, Jinthana et al. (Hrsg.) (2006): Special issue on polyamory. Sexualities, Heft 9. Sonderausgabe, Sage Publications (S. 643–650)

Easton, Dossie / Liszt, Catherine A. (1997): The ethical slut. A guide to infinite sexual possibilities. Balboa: Greenery Press

Ebel, Else (1993): Der Konkubinat nach altwestnordischen Quellen. Berlin/ New York: de Gruyter

Elias, Norbert (1939): Über den Prozeß der Zivilisation. 2 Bde, Frankfurt/ Main: Suhrkamp 1991

Engel, Antke (2009): Bilder von Sexualität und Ökonomie. Bielefeld: transcript

Engelmann, Claudia (2005): «‹Ich bin eine Discokugel›. Facetten eines polyamourösen Lebens.» In:Méritt et al. (Hrsg.): Mehr als eine Liebe. Polyamoröse Beziehungen. Berlin: Orlanda (S. 119-122)

Erel, Umut / Haritaworn, Jinthana / Rodriguez, Encarnación Gutiérrez / Klesse, Christian (2007): «Intersektionalität oder Simultaneität?! – Zur Verschränkung und Gleichzeitigkeit mehrfacher Machtverhältnisse – Eine Einführung.» In: Hartmann, Jutta et al. (Hrsg.) (2007): Heteronormativität. Empirische Studien zu Geschlecht, Sexualität und Macht. Wiesbaden: VS Verlag für Sozialwissenschaften (S. 239–250)

Esmyol, Andrea (2002): Geliebte oder Ehefrau, Konkubinen im frühen Mittelalter. Köln/Weimar/Berlin: Böhlau

Falk, Candance (1987): Liebe und Anarchie & Emma Goldmann. Berlin: Karin Kramer Verlag

Firestein, Beth A. (Hrsg.) (1996): Bisexuality. The Psychology and Politics of an Invisible Minority. Thousand Oaks: Sage Publications.

Fisher, Helen (2007): Warum wir lieben und wie wir besser lieben können. München: Knaur

Flandrin, Jean-Louis (1978): Familien, Soziologie – Ökonomie – Sexualität. Frankfurt/Main: Ullstein

Foucault, Michel (1978): Dispositive der Macht. Über Sexualität, Wissen und Wahrheit. Berlin: Merve

Foucault, Michel (1983): Der Wille zum Wissen. Sexualität und Wahrheit. Band 1. Frankfurt/Main: Suhrkamp

Frankenberg, R. (1993): White women, race matters: The social construction of whiteness. London: Routledge

Gerlitz, Peter (1984): Religion und Matriarchat: zur religionsgeschichtlichen Bedeutung der matrilinearen Strukturen bei den Khasi von Meghalaya. Wiesbaden: Harrassowitz

Giddens, Anthony (1993): Wandel der Intimität. Frankfurt/Main: Fischer

Göllner, Reinhard (2005): Gott erfahren. Berlin/Hamburg/Münster: LIT

Goria, Fausto (1992): Zur ehelichen Gütergemeinschaft im Denken der Griechen von Xenophon bis Ioannes Stobias. In: Simon, Dieter (Hrsg.): Eherecht und Familiengut in Antike und Mittelalter. München: Oldenbourg, S. 99–120

Göttner-Abendroth, Heide (1998): Matriarchat in Südchina. Stuttgart/Berlin/ Köln: Kohlhammer

Halberstam, Judith (2005): «Queer Studies Now» . In: Yekani, Elahe Haschemi / Michaelis, Beatrice (Hrsg.) (2005): Quer durch die Geisteswissenschaften. Perspektiven der Queer Theory. Berlin: Querverlag, S. 17–30

Haraway, Donna (1995): Die Neuerfindung der Natur. Frankfurt/Main / New York: Campus Verlag,

Haraway, Donna (1995): Ein Manifest für Cyborgs. In: Haraway, Donna: Die Neuerfindung der Natur. Frankfurt/Main / New York: Campus Verlag, S. 33–72

Hardt, Michael / Negri, Antonio (2002): Empire. Die neue Weltordnung. Frankfurt/Main: Campus

Haritaworn, Jinthana (2005): «Queerer als wir? Rassismus. Transphobie. Queer Theory» . In: Yekani, Elahe Haschemi/Michaelis, Beatrice (Hrsg.) (2005): Quer durch die Geisteswissenschaften. Perspektiven der Queer Theory. Berlin: Querverlag, S. 216–237

Haritaworn, Jinthana (2007): «(No) Fucking Difference? Eine Kritik an ‹Heteronormativität› am Beispiel von Thailändischsein». In: Hartmann, Jutta et al. (Hrsg.) (2007): Heteronormativität. Empirische Studien zu Geschlecht, Sexualität und Macht. Wiesbaden: VS Verlag für Sozialwissenschaften, S. 269–289

Haritaworn, Jinthana / Lin, Chin-ju/Klesse, Christian (Hrsg.) (2006): Special issue on polyamory. Sexualities, Heft 9. Sonderausgabe, Sage Publication, S. 515–529

Harris, Marvin (1989): Kulturanthropologie. Ein Lehrbuch. Frankfurt/Main: Campus Verlag.

Hartmann, Jutta (2002): Vielfältige Lebensweisen: Dynamisierung in der Triade Geschlecht – Sexualität – Lebensform. Kritisch-dekonstruktive Perspektiven für die Pädagogik. Opladen: Leske + Budrich

Hartmann, Jutta (2004): «Dynamisierungen in der Triade Geschlecht – Sexualität – Lebensform: dekonstruktivistische Perspektiven und alltägliches Veränderungshandeln in der Pädagogik.» In: Timmermanns, Stefan et al. (Hrsg.): Sexualpädagogik weiter denken. Postmoderne Entgrenzungen und pädagogische Orientierungsversuche. Weinheim/München: Juventa Verlag, S. 59–77

Hartmann, Jutta (2007): «Intervenieren und Perpetuieren – Konstruktionen kritischer Pädagogik in den Feldern von Geschlecht, Sexualität und Lebensform». In: Hartmann et al. (Hrsg.): Heteronormativität. Empirische Studien zu Geschlecht, Sexualität und Macht. Wiesbaden: VS Verlag für Sozialwissenschaften, S. 95–114

Hartmann, Jutta / Holzkamp, Christine / Lähnemann, Lela / Meißner, Klaus / Mücke, Detlef (Hrsg.) (1998): Lebensformen und Sexualität: Herrschaftskritische Analysen und pädagogische Perspektiven. Bielefeld: Kleine Verlag

Hartmann, Jutta / Klesse, Christian/ Wagenknecht, Peter / Fritsch,e Bettina / Hackmann, Kristina (Hrsg.) (2007): Heteronormativität. Empirische Studien zu Geschlecht, Sexualität und Macht. Wiesbaden: VS Verlag für Sozialwissenschaften

Haug, Frigga / Geschwandtner, Ulrike (2006): Sternschnuppen, Zukunftserwartungen von Schuljugend. Hamburg: Argument

Hegel, Georg Wilhelm Friedrich (1820): Grundlinien der Philosophie des Rechts oder Naturrecht und Staatswissenschaft im Grundrisse. Stuttgart: Reclam 1970

Herrmann, Steffen Kitty (2003): «Performing the Gap – Queer Gestalten und geschlechtliche Aneignung.» In: arranca!, Aneignung I, Heft 28, Berlin. (S. 22–25). (Wiederveröffentlicht in A.G. Gender-Killer, Das gute Leben. Linke Perspektiven auf einen besseren Alltag. Münster 2005

Herzog, Dagmar (2005): Die Politisierung der Lust. München: Siedler

Herzog, Sabine (2001): Das Matriarchat als geschlechtssymetrische Gesellschaftsform? Münster/Hamburg/London: Lit Verlag

Ihlefeldt, Felix (2008): Wenn man mehr als einen liebt. Berlin: Schwarzkopf & Schwarzkopf

Illouz, Eva (2005): Vermarktung der Leidenschaft. In WestEnd Heft 1, 2.Jg. Frankfurt: Stroemfeld, S. 80–95

Jagose, Annamarie (2001): Queer Theory – Eine Einführung. Berlin: Querverlag. [Original Titel: Queer Theory, Annamarie Jagose, Melbourne University Press; Erstausgabe 1996]

Jamin, Peter/Vögeli, Thomas (2005): Männer wollen immer, Frauen können immer. Alles, was Männer über Sexualität wissen sollten. Heidelberg. mvg Verlag

Klan, Ulrich/Nelles, Dieter (1986): Es lebt noch eine Flamme. Grafenau-Döffingen: Trotzdem Verlag

Klesse, Christian (2005): «This is not a Love Song! Über die Rolle von Liebe und Sex in Diskussionen über Nicht-Monogamie und Polyamory.» In: Méritt et al. (Hrsg.): Mehr als eine Liebe. Polyamoröse Beziehungen. Berlin: Orlanda, S. 123–130

Klesse, Christian (2006): «Polyamory and it's ‹Others›: Contesting the Terms of Non-Monogamy.» In: Haritaworn, Jinthana et al. (Hrsg.) (2006): Special issue on polyamory. Sexualities, Heft 9. Sonderausgabe, Sage Publications, S. 565–583

Klesse, Christian (2007): «Polyamory – Von dem Versprechen, viele zu lieben.» In: Zeitschrift für Sexualforschung. Heft 4; 20. Jahrgang; Dezember 2007; Stuttgart: Georg Thieme Verlag, S. 316–330

Klotter, Christoph (1999): Abendländische Liebesvorstellungen. In: Klotter, Christoph: Liebesvorstellungen im 20. Jahrhundert. Gießen: Psychosozial Verlag

Klotter, Christoph (1999): Liebesvorstellungen im 20. Jahrhundert. Gießen: Psychosozial Verlag

Koppetsch, Cornelia (2005): Liebesökonomie. Ambivalenzen moderner Paarbeziehungen. WestEnd Heft 1, 2. Jg. Frankfurt/M: Stroemfeld, S. 96–107

Krieger, Sascha / Weinmann, Julia (2008): Lebensformen in der Bevölkerung, Kinder und Kindertagesbetreuung. In: Statistisches Bundesamt, Gesellschaft Sozialwissenschaftliches Wissenschaftszentrum Berlin für Sozialforschung: (Hrsg.): Datenreport 2008, Ein Sozialbericht für die Bundesrepublik Deutschland. Bonn

Kuczynski, Jürgen (1996): Geschichte des Alltags des deutschen Volkes, Band 2. Köln: PapyRossa

Lano, Kevin / Parry, Claire (1995): «Preface» . In: Breaking the Barriers to Desire. New Approaches to Multiple Relationships. Nottingham: Five Leaves Publications

Lee, John Alan (1976): The Colors of Love. Englewood Cliffs, N.J. : Prentice-Hall

Leiprecht, Rudolf / Lutz, Helma (2006): «Intersektionalität im Klassenzimmer: Ethnizität, Klasse, Geschlecht.» In: Leiprecht, Rudolf/Kerber, Anne (Hrsg.): Schule in der Einwanderungsgesellschaft. Ein Handbuch. Schwalbach/Ts.: Wochenschau-Verlag, 2. Auflage, S. 220/221

Leiprecht, Rudolf / Kerber, Anne (Hrsg.) (2006): Schule in der Einwanderungsgesellschaft. Ein Handbuch. Schwalbach/Ts.: Wochenschau-Verlag, 2. Auflage

Luhmann, Niklas (1994): Liebe als Passion. Zur Codierung von Intimität. Frankfurt/Main: Suhrkamp Verlag

Lutz, Helma / Wenning, Norbert (Hrsg.) (2001): Unterschiedlich verschieden. Differenz in der Erziehungswissenschaft. Wiesbaden: VS Verlag für Sozialwissenschaften

Marcuse, Herbert (1967): Der eindimensionale Mensch. Neuwied/Berlin: Luchterhand Verlag

Marx, Karl / Engels, Friedrich (1846): Die heilige Familie. Berlin: Dietz. MEW Band 2, 1972

Marx, Karl / Engels, Friedrich (1848): Manifest der Kommunistischen Partei. Berlin: Dietz. MEW Band 4, 1974

Méritt, Laura (2005): «Die Sprache der Bedürfnisse». In: Méritt et al. (Hrsg.): Mehr als eine Liebe. Polyamoröse Beziehungen. Berlin: Orlanda, S. 77–83

Méritt, Laura / Bührmann, Traude / Schefzig, Nadja Boris (Hrsg.) (2005): Mehr als eine Liebe. Polyamoröse Beziehungen. Berlin: Orlanda

Micheler, Stefan (2000): «Der Sexualitätsdiskurs in der deutschen Studierendenbewegung der 1960er Jahre». In: Zeitschrift für Sexualforschung, Heft 1, 13. Jahrgang; März 2000; Stuttgart: Georg Thieme Verlag, S. 1–39

Mint, Pepper (2004): «The power dynamics of cheating: Effects of polyamory and bisexuality» . In: Anderlini-D'Onofrio, Serena (Hrsg.): Plural loves: Designs for bi and poly living. London: Harworth Press, S. 55–76

Mossé, Claude (1995): Sappho aus Lesbos. In: Duby, Georges u.a.: Liebe und Sexualität. Grafrath: Klaus Boer Verlag, S. 44–52

Munson, Marcia / Stelboum, Judith P. (Hrsg.) (1999): The Lesbian Polyamory Reader: Open Relationships, Non-Monogamy, and Casual Sex. London: Harrington Park Press

Nelles, Dieter (2000): Anarchosyndikalismus und Sexualreformbewegung in der Weimarer Republik. Amsterdam: International Institute of Social History

O'Neill, Nena & George (1974): Die offene Ehe. Konzept für einen neuen Typus der Monogamie. Bern/München: Scherz Verlag; Original Titel: Open Marriage, 1972

Ortega y Gasset (1949): Über die Liebe. Stuttgart: Deutsche Verlags-Anstalt 1951

Passig, Kathrin / Strübel, Ira (2004): Die Wahl der Qual. Handbuch für Sadomasochisten und solche, die es werden wollen. Reinbek bei Hamburg: Rowohlt Verlag

Pieper, Marianne / Bauer, Robin (2005): «Polyamory & Mono-Normativität: Ergebnisse einer empirischen Studie über nicht-monogame Lebensformen». In: Méritt et al. (Hrsg.): Mehr als eine Liebe. Polyamoröse Beziehungen. Berlin: Orlanda, S. 59–69

Piercy, Marge (1986): Die Frau am Abgrund der Zeit. München: Wilhelm Heyne Verlag

Pilz, Sebastian (2004): Der Wandel der Familienstrukturen im Mittelalter und in der frühen Neuzeit im Kontext von kirchlicher und staatlicher Machtpolitik. Unveröffentlicht

Platon (2000): Symposion. Hamburg: Felix Meiner Verlag
Queen, Carol (1996): Bisexuality, Sexual Diversity, and the Sex-Positive Perspective. In: Firestein, Beth A. (Hrsg.): Bisexuality. The Psychology and Politics of an Invisible Minority. Thousand Oaks: Sage Publications. (S. 103–124)
Rastetter, Daniela (1994): Sexualität und Herrschaft in Organisationen. Opladen: Westdeutscher Verlag
Roos, Peter (2004): Kunst und Kinderschändung. In: Die Zeit 04.03.04
Rau, Susanne (1990): Wertewandel in der Familie. Frankfurt/Main / Bern / New York / Paris: Peter Lang
Rauchfleisch, Udo (1994): Schwule, Lesben, Bisexuelle. Lebensweisen – Vorurteile – Einsichten. Göttingen: Vandenhoeck & Ruprecht
Ravenscroft, A.D. (2004): Polyamory: Roadmaps for the Clueless and Hopeful. Santa Fe, NM: Fenris Brothers
Reinsberg, Carola (1993): Ehe, Häretentum und Knabenliebe im antiken Griechenland. München: Beck
Rentmeister, Cillie (1985): Frauenwelten – Männerwelten. Opladen: Leske + Budrich
Ritchie, Ani / Barker, Meg (2006): «‹There Aren't Words for What We Do or How We Feel So We Have To Make Them Up›: Constructing Polyamorous Languages in a Culture of Compulsory Monogamy.» In: Sexualities, Heft 9, Sage Publications, S. 584–601
Romeo, Charlie (2005): «Darum». In: Méritt et al. (Hrsg.): Mehr als eine Liebe. Polyamoröse Beziehungen. Berlin: Orlanda, S. 85–89
Rosenbaum, Heidi (1982): Formen der Familie. Frankfurt/Main: Suhrkamp
Rossiaud, Jacques (1984): Prostitution, Sexualität und Gesellschaft in den französischen Städten des 15. Jahrhunderts. In: Aries, Philipe. u.a.: Die Masken des Begehrens und die Metamorphosen der Sinnlichkeit. Zur Geschichte der Sexualität im Abendland. Frankfurt/Main: Fischer, S. 97–120
Rougemont, Denis de (2007): Die Liebe und das Abendland. Gaggenau: H. Frietsch Verlag
Rust, Paula C. (1996): «Monogamy and Polyamory. Relationship Issues for Bisexuals.» In: Firestein, Beth A. (Hrsg.): Bisexuality. The Psychology and Politics of an Invisible Minority. Thousand Oaks: Sage Publications, S. 127–148
Sartre, Jean-Paul (1952): Das Spiel ist aus. Reinbek: Rowohlt
Schenk, Herrad (1987): Freie Liebe – Wilde Ehe: Über die allmähliche Auflösung der Ehe durch die Liebe. München: Beck
Schlegel, Friedrich (1799): Lucinde. Frankfurt/Main 1985: Insel Verlag
Schlender, Bärbel / Söhner, Erhard (Hrsg.) (2006): Ein Frühstück zu Dritt. Leben und Lieben in Mehrfachbeziehungen. München: Novum Verlag
Schmidt, Gunter / Strauß, Bernhard (Hrsg.) (2002): Sexualität und Spätmoderne. Über den kulturellen Wandel der Sexualität. Gießen: Psychosozial-Verlag [2001]
Schmitz, Winfried (2002): Die geschorene Braut. In: Historische Zeitschrift 274/3. S. 561–602. München: Oldenbourg Wissenschaftsverlag
Schrader-Klebert, Karin (1969): «Die kulturelle Revolution der Frau». In: Kursbuch 17, Frankfurt/Main: Suhrkamp, S. 1–46
Schröder, Achim / Balzter, Nadine / Schroedter, Thomas (2004): Politische Jugendbildung auf dem Prüfstand. Weinheim und München: Juventa

Schroedter, Thomas (2007): Antiautoritäre Pädagogik. Stuttgart: Schmetterling

Selb, Walter (1992): Zur Christianisierung des Eherechts. In: Simon, Dieter (Hrsg.): Eherecht und Familiengut in Antike und Mittelalter. München: Oldenbourg, S. 1–14

Seybold, Irmtraut (1990): Die Macht des Mannes in der Mesopotamischen Familie. In: Simon, Gertrud u.a. (Hrsg): Die heilige Familie. Wien: Wiener Frauenverlag, S. 33–46

Simon, Dieter (Hrsg.) (1992): Eherecht und Familiengut in Antike und Mittelalter, München: Oldenbourg

Simon, Gertrud u.a. (Hrsg) (1990): Die heilige Familie. Wien: Wiener Frauenverlag

Solé, Jacques (1995): Der Troubadour und die Liebe als Passion. In: Duby, Georges u.a.: Liebe und Sexualität. Grafrath: Klaus Boer Verlag. S. 88–97

Sow, Noah (2008): Deutschland Schwarz Weiß. Der alltägliche Rassismus. München: C. Bertelsmann Verlag

Statistisches Bundesamt, Gesellschaft Sozialwissenschaftlicher Infrastruktureinrichtungen, Wissenschaftszentrum Berlin für Sozialforschung: (Hrsg.) (2008): Datenreport 2008, Ein Sozialbericht für die Bundesrepublik Deutschland. Bonn

Strenge, Irene (2006): Codex Hammurapi und die Rechtsstellung der Frau. Würzburg,

Tacitus, Gajus Cornelius (98): Germania. Übersetzt von Baustamm, Anton (1878). Freiburg: Herdersche Verlagsbuchhandlung

Thür, Gerhard (1992): Ehegüterrecht und Familienvermögen in der griechischen Polis. In: Simon, Dieter: Eherecht und Familiengut in Antike und Mittelalter. München: Oldenbourg

Timmermanns, Stefan / Tuider, Elisabeth / Sielert, Uwe (Hrsg.) (2004): Sexualpädagogik weiter denken. Postmoderne Entgrenzungen und pädagogische Orientierungsversuche. Weinheim/München: Juventa Verlag

Veyene, Paul (1984): Homosexualität im antiken Rom. In Aries, Philippe u.a.: Die Masken des Begehrens und die Metamorphosen der Sinnlichkeit. Frankfurt/Main 1992: Fischer

Wagenknecht, Peter (2007): «Was ist Heteronormativität? Zu Geschichte und Gehalt des Begriffs». In: Hartmann, Jutta et al. (Hrsg.) (2007): Heteronormativität. Empirische Studien zu Geschlecht, Sexualität und Macht. Wiesbaden: VS Verlag für Sozialwissenschaften, S. 17–34

Weeks, Jeffrey (1985): Sexuality and its discontents. Meanings, Myths & Modern Sexualities. London: Routledge

Weeks, Jeffrey (1986): Sexuality. Chichester: Ellis Horwood Limited

Willi, Jürg (2007): Psychologie der Liebe. Persönliche Entwicklung durch Partnerbeziehungen. Hamburg/Reinbek: Rowohlt Verlag [2004]

Yekani, Elahe Haschemi/Michaelis, Beatrice (Hrsg.) (2005): Quer durch die Geisteswissenschaften. Perspektiven der Queer Theory. Berlin: Querverlag

Zwingli, Huldrych (1523): Wie Jugendliche aus gutem Haus zu erziehen sind. In: Zwingli, Huldrych: Schriften I, Zürich (1995), S. 215–241 (neuhochdeutsche Übertragung)

Lexika

Langenscheidt (2008): Großwörterbuch. Deutsch als Fremdsprache. Das einsprachige Wörterbuch für alle, die Deutsch lernen. München: Langenscheidt

Andere Medien

Arte (2008):Themenabend am 13.01.08, ab 20:40 Uhr: Wenn die Liebe im Dreieck springt; C ésar und Rosalie; Liebe zu Dritt; Drei Herzen; Der Liebespakt: Simone de Beauvoir und Jean Pul Sartre